人人都读得懂的《易经》

刘祺庸 —— 著

民主与建设出版社
·北京·

© 民主与建设出版社，2018

图书在版编目（CIP）数据

人人都读得懂的《易经》/ 刘祺庸著． -- 北京：民主与建设出版社，2018.6（2023.8重印）

ISBN 978-7-5139-2169-5

Ⅰ．①人… Ⅱ．①刘… Ⅲ．①《周易》－通俗读物 Ⅳ．① B221-49

中国版本图书馆 CIP 数据核字（2018）第 110394 号

人人都读得懂的《易经》
RENRENDOUDUDEDONGDEYIJING

著　　者	刘祺庸
责任编辑	刘树民
封面设计	亢莹莹
出版发行	民主与建设出版社有限责任公司
电　　话	（010）59417747　59419778
社　　址	北京市海淀区西三环中路10号望海楼E座7层
邮　　编	100142
印　　刷	北京雁林吉兆印刷有限公司
版　　次	2018年9月第1版
印　　次	2023年8月第2次印刷
开　　本	880mm×1230mm　1/16
印　　张	16.5
字　　数	213千字
书　　号	ISBN 978-7-5139-2169-5
定　　价	68.00元

注：如有印、装质量问题，请与出版社联系。

自序

有一段流传甚广的名言是这样写的:

当我年轻的时候,我的想象力从没有受到过限制,我梦想改变这个世界。

当我成熟以后,我发现我不能改变这个世界,我将目光缩短了些,决定只改变我的国家。

当我进入暮年后,我发现我不能改变我的国家,我的最后愿望仅仅是改变一下我的家庭。但是,这也不可能。

当我躺在床上,行将就木时,我突然意识到:如果一开始我仅仅去改变我自己,然后作为一个榜样,我可能改变我的家庭;在家人的帮助和鼓励下,我可能为国家做一些事情。然后谁知道呢?我甚至可能改变这个世界。

这段文字,直达内心,震撼灵魂,提升人生,有益于社会。

南非黑人领袖曼德拉因其先改变自己,而后改变"世界"!

据说,曼德拉年轻时曾被其深深震撼心灵,顿感醍醐灌顶,声称自己从中找到了改变南非甚至整个世界的金钥匙。

这个志向远大、原本赞同以暴制暴填平种族歧视鸿沟的黑人青年,从改变自己的思想和处世风格开始,从改变自己、自己的家庭和亲朋好友着手,在经历了重重磨难和炼狱重生之后,终于改变了他的国家,使黑人种族屹立于世界民族之林。

  我在年届知天命之际，由于命运中极其偶然的机会，我从整日繁忙的高强度、高压力、超负荷的工作链条上解脱出来，流连于太阳岛，徘徊在黑龙江大地，遨游在三江平原，放飞思绪，神思邂逅西伯侯，醍醐灌顶，诞生了系统阐释《易经》朴素辩证法体系的哲学著作《易道——话说易经谈道德修养》，以及您现在看到的通俗化、大众化的《人人都读得懂的〈易经〉》，在使自己的内心日益丰盈起来的同时，为您与更多的人，找到了《易经》伟大变易哲学的密码，这些密码将融入您和即将陆陆续续来到的这个世界上的人们的血液与灵魂之中，渗入格物、致知、诚意、正心、修身、齐家、治国、平天下的人文修养的八个环节中，化作人生和事业取之不尽、用之不竭的琼浆……

  更为宝贵的是，《易经》中那些蕴含深厚的辩证哲学思想，在我们的日常工作与生活中，随处用得到，日用而不知，时用而不觉……

  领略《易经》的无穷奥妙，洞悉《易经》的各种道理，从这本《人人都读得懂的〈易经〉》开始吧。

刘祺庸

二〇一七年六月二十八日于冰城夏都

目录

第一章
《易经》——富有中华民族独特智慧的变易哲学

第一节 《易经》的诞生与发展……003

一、一画开天,伏羲创立先天八卦系统……004

二、羑里蒙难,西伯侯创制六十四卦体系……006

三、父子同八卦,周公协助进一步推演爻辞……011

四、儒道双弘,孔老升华哲学思想……014

第二节 "易经"是什么样的学问……016

一、何谓"易经"……016

二、何谓"三易"……019

第三节 《易经》的核心与精髓……021

一、用唯物辩证法看问题……022

二、高度重视道德修养……026

三、以民为本,仁政爱民……029

四、讲究诚信,司法公正 ……030

五、统一思想意志,团结凝聚人心……030

六、顺应时势,按规律办事 ……031

第四节　学习《易经》到底有什么用……032

第 二 章
乾卦——天道刚健

第一节　仰观天象，看到了什么……039

第二节　自强不息，靠谁不如靠自己……045

第三节　放眼宇宙，顺其自然乃天道……049

第四节　生命成长有其规律，注意人生的六个阶段……053

　一、时乘六龙：人生成长或事业发展的六个阶段……053

　二、乾卦六爻如何解读……055

　三、孔子的《文言传》如何解读乾卦……061

第五节　遵循规律，保持稳健科学地发展……070

第六节　自强不息，是发展与进步的主导力量……072

第七节　民族精神和信仰是中华民族长盛不衰的乾天……074

第 三 章
坤卦——地道柔刚

第一节　俯察地理，看到了什么……079

第二节　地道柔刚，厚德载物广蓄博养……084

　一、看地道柔刚……085

二、看厚德载物……086

　　三、看培育社会公德……087

第三节　为臣之道，要像牝马一样柔顺坚贞……089

第四节　恪守中庸之道，广蓄美德……092

　　一、未雨绸缪，防患于未然……094

　　二、胸怀宽广，包容万物……095

　　三、顺承辅助……096

　　四、谨慎行事……097

　　五、甘于奉献，不居功……098

　　六、各居其所，各安其分……100

　　七、发挥美德到极致……102

第五节　积善远恶、修养美德才会家和国兴……106

第四章
屯卦——始生之难

第一节　开创基业难中难……115

第二节　腹有经纶变简单……120

第三节　打好基础再发展……126

第四节　远离诱惑，保持初心……129

第五节　明白舍弃之道，适当调整目标策略……131

第六节　摒除私心，和谐共富……134

第五章
蒙卦——蒙以养正

第一节 在雨雾山中开启蒙昧……141

第二节 蒙以养正,端正目的……146

第三节 果行育德,追求良好效果……149

第四节 因材施教,坚持正确的原则……151

第五节 循序渐进,讲究科学的方法……158

第六节 花红心美,共升境界筑和谐……160

第六章
需卦——需以待机

第一节 暴雨将至,饮食宴乐……165

第二节 坚守中正之道,将顺利到达……170

第三节 顺理适时,慎戒稳进……172

第四节 前途光明,道路曲折,坚信一定会有好未来……179

第五节 需以待机,稳步求进不妄动……181

第七章
讼卦——谋始慎讼

第一节　看天水违行，叹人心私贪……187

第二节　探争讼根源，看人性善恶……191

第三节　面对利益纷扰，崇尚中正慎争……195

第四节　防事态恶化，妥协互让好态度……201

第五节　作事谋始，不是你的莫争抢……202

第六节　树立正确利益观，天安地宁心气平……205

第八章
师卦——师出正道

第一节　陷泥沼之地，悟容民蓄众……209

第二节　容民畜众，全民皆兵谁不怕……214

第三节　兴仁义之师，帅德贞正服广众……217

第四节　选帅重德才，小人乱邦怎能重用……219

第五节　帅德中正，壮丁训勇纪律严明……223

第六节　以正治国，以奇用兵……228

第七节　知己知彼，百战百胜……229

第九章
比卦——比乐和谐

第一节　地上有水，亲比团结永远吉祥……234

第二节　不宁方来，主动被动结果不一样……237

第三节　建万国，亲诸侯，先王亲比树立榜样……239

第四节　比乐和谐，择善而从切莫偏枉……242

第五节　中正博爱，亲密比辅共荣光……250

第一章

《易经》——富有中华民族
独特智慧的变易哲学

第一节

《易经》的诞生与发展

伏羲一画开天,揭示阴阳,创立先天八卦系统,肇始中华文明。

羑里,苦难集中营,《易经》及中华文明孕育发酵的总源头。

有其父必有其子,姬昌与其子周公共同推演爻辞,完善六十四卦体系。

儒家泰斗孔子著《易传》,亦称《十翼》,进行哲学阐释,为《易经》插上飞翔的翅膀;道家泰斗老子著《道德经》,开凿辩证哲学金矿,使《易经》绽放光芒。

天,似乎有一种神秘的主宰力量!

与生俱来,人总是对天心存敬畏,充满深切期盼,给予无限深情。遇到大事、难事、烦心事,总期望得到上天的启示或帮助。

我们常常会由衷感叹:"我的天呀!"

当人弄明白了一件事,或解决了天大的麻烦,又常常情不自禁惊叫:"噢!我的天!"

人类与地球上的万物生存，离不开天，也离不开地，天地构成了人类生存的外在环境。

古圣先贤，仰观天文，俯察地理，通过对物象的观察与感悟，洞悉天地之变，体悟乾坤阴阳之道，后将其引入社会与生活实践的各种情境之中，给出风险警示与忠告，诞生了富有中华民族独特智慧的变易哲学，经过世代演绎发展，被系统地概括为《易经》。

《易经》由谁创作，为中华乃至人类文明贡献了什么？

《易经》四圣——中华人文始祖伏羲、西周王朝奠基人西伯侯姬昌、儒学先驱周公、儒家鼻祖孔子发挥伟大的"工匠精神"，接力创制人文杰作；道家鼻祖老子弘扬变易哲学思想，使《易经》光芒璀璨。

一、一画开天，伏羲创立先天八卦系统

作为世界文化宝藏、智慧宝库的《易经》，也被称作《周易》。起源于中华最原始、最古老的文化符号。传说是由一万年以前的中华始祖伏羲画出来的："▅▅▅"为阳爻，"▅▅ ▅▅"为阴爻，两者作为基本符号，创立先天八卦系统，肇始中华文明。

据相关史料记载，伏羲风姓，燧人氏之子，也常被称为宓羲、庖牺、包牺、伏戏，亦称牺皇、皇羲、太昊等，在《史记》中称伏牺，又称青帝，是五天帝之一。他生于成纪，所处时代大约是旧石器时代中晚期。伏羲是古代传说中华民族人文始祖，也是古籍中记载的中华民族最早的王。关于伏羲传说比较多，有的说其人首蛇身，有的说他雌雄同体，有的说他与女娲兄妹相婚配，生儿育女，颇具神秘色彩。伏羲对《易经》的贡献是根据天地万物变化，创造了先天八卦；以先天八卦为字根又创造了早期的文字；他结绳为网，用以捕鸟打猎，教授人们渔猎方

法；他发明了瑟，创作乐曲，用以尊崇美好的德行。

《易经》六十四卦，是颇有规律的符号象征体系。由"阴"（■■）和"阳"（■■■）符号构成。那何谓阴阳？

现代易学研究者张善文在《象数与义理》中写道："远古时代的人们创立这两种符号代表'阴''阳'，其所包含的直感的象征蕴意十分丰富，因此，这两条线所喻示的事物、现象至为众多。在古人的心目中，寒暑、日月、男女、上下、高低、昼夜、内外、表里、正反、黑白、胜负等自然界及社会生活中的种种现象，均属于阴阳范畴。事实上，即使是现代科学中的阴电阳电、正极负极、正数负数等物理、数学概念，也皆可纳入这两种符号象征类例中去。可见，'阴''阳'符号的设立，是古人对大自然一切对立而又和谐现象的高度的象征性概括。"

朱熹在《朱子语类》中写道："盈乎天地之间，无非一阴一阳之理。"

《说文解字》道："卦，筮也。"

《说卦传》言："观变于阴阳而立卦。"

《易经》中象征意义的符号以阳爻、阴爻相配合，每卦三个爻，组成八卦（见表1-1），象征天地间八种基本事物及其阴阳刚柔诸性。八卦所代表的宇宙间的八种自然现象为：乾为天，坤为地，离为火为日，坎为水为月，震为雷，巽为风，艮为山，兑为泽。

表 1-1　八卦卦名与其卦形、象征物和象征意义

卦形	卦名	象征物	象征意义
☰	乾	天	健
☷	坤	地	顺
☳	震	雷	动
☴	巽	风	入
☵	坎	水	险
☲	离	火	丽
☶	艮	山	止
☱	兑	泽	悦

二、羑里蒙难，西伯侯创制六十四卦体系

介绍西伯侯姬昌，需要从周朝祖先后稷说起。

据《史记·周本纪》记载：周朝的始祖叫后稷，名弃，喜爱种植庄稼，能根据土地的栽培特性，选择适宜的农作物加以种植与推广，民众都纷纷仿效他。尧帝听说后，推举选用弃掌管农业，弃教授老百姓遵循农作物规律种植庄稼，老百姓都得到了利益和好处。舜继承帝位之后，深感百姓受惠于弃，便对他说："弃，百姓当初忍饥挨饿，全靠你教授百姓播种各种谷物，才有粮食吃。"舜根据他的功劳将邰（今陕西省武功县西南）封赏给弃，称后稷，另外册封弃姓氏为姬氏。姬氏祖先以务农为业，姬氏家族大力发展农业生产，造福百姓，对养育古代民众做出了巨大贡献。历经陶唐、虞、夏几代，姬氏家族美德广为流传。姬氏家族

第一章
《易经》——富有中华民族独特智慧的变易哲学

开始生活在今陕西省境内的漆、沮两条河流流域,后来繁衍扩展到渭水河畔,历经十三代,传至西伯侯姬昌的祖父古公亶父。

古公亶父重新恢复后稷等祖先发展农业生产的旧业,积德行义,民众都拥戴他。

当时,戎狄的薰育族来侵扰他,想得到财物,他就把财物给他们。过了一阵他们又来攻打古公亶父,还想得到土地和人民。人民群情激愤,人人都想迎战。古公亶父说:"人民立君长,是求对他们有利。现在戎狄部族之所以来攻打,是为了得到土地和人民。人民由我统率与由他们统率,有什么不同呢?人民是为了拥护我的缘故才去打仗,但靠牺牲别人的父亲和孩子来统治,我不忍心这样做。"因而他同亲近左右离开了原来的封地,渡过漆、沮两条河流,翻过梁山,定居在岐山脚下,现岐山县因此山得名。岐山县位于陕西省西部,宝鸡市境内东北部。北接麟游县,南连太白县,东与扶风、眉县接壤,西同凤翔、陈仓区毗邻。而当时居住在豳地(古地名,在今中国陕西省彬县、旬邑县西南一带)的人民扶老携幼,也全部来到岐山脚下,回到古公亶父身边。周围国家的人民听说古公亶父仁慈,也多来投奔他。从此古公亶父建造城郭和房屋,分成邑落居住,设立司徒、司马、司空、司士、司寇五种官职。司徒负责管理民众、土地及教化等事情,职位相当于宰相;司马掌管军事大权,相当于现在的国防部长;司空掌水利、营建之事,相当于现在的自然资源部、农业农村部、水利部、住房和城乡建设部部长等职务;司士掌管群臣的名册,辨别贵族等级,排定朝仪席位,相当于现在的组织部部长;司寇负责稳定国家秩序保障社会治安,相当于现在的公安部部长。将社会公众事务分条块管理,构建起良好的社会秩序。

古公亶父正妃太姜,生了三个孩子,长子叫太伯,次子叫虞仲,小儿子是季历。季历娶太任为妻。太姜、太任都是贤惠的妻子。太任生子姬昌,有圣明之兆头。古公亶父说:"我的后代中应当有能够成就大事的人，大概就是昌吧？"长子太伯和虞仲知道古公想立季历为继承人，以便将来能传位于姬昌，所以两人便逃亡到荆棘丛生的蛮地（大致是现今湖北一带），按当地风俗身刺花纹，剪短头发，让位给季历。

古公亶父死了，季历即位，即公季。公季遵循古公亶父留下的原则，笃行仁义，诸侯都顺从他。

公季死后其子姬昌继承了西伯侯爵之位。历史上称作西伯侯姬昌，就是后来的周文王。由于他能礼遇贤能，对人才笃诚相待，为了接待士人，每天到中午还顾不上吃早饭，士人纷纷投奔他。伯夷、叔齐在现在河北省东部的墨氏封地孤竹国（约涵盖今天太行山以东、内外蒙古及东北和朝鲜地区），听说西伯侯姬昌善于敬养老人，一起投奔了他。太颠、闳夭、散宜生、鬻子、辛甲大夫等人也去投奔了他。后来辅佐姬昌建立西周王朝的股肱之臣相继聚集麾下。

姬昌先后在位五十年，是中国历史上的一代明君。他在位时期，"克明德慎罚"，勤于政事，重视发展农业生产，礼贤下士，广罗人才，拜姜尚为军师，问以军国大计，使"天下三分，其二归周"。公元前1056年，姬昌驾崩，葬于今陕西咸阳、西安附近渭水南北岸的毕原。公元前1046年，周武王姬发剿灭商朝，追尊他为周文王。公元690年，武则天称制时，自称为周文王后代，追尊周文王为始祖文皇帝。

旧传《周易》为周文王所演。他对《易经》的贡献是——将八卦演绎成六十四卦，撰写卦辞与象辞。除此之外，创周礼，为后世儒家所推崇。孔子更是称文王为"三代之英"。

张善文在《象数与义理》中认为：《易经》各卦"均以六画卦的象征符号，反映作者对自然界、人类社会的种种认识，预示各种事物、现象特定的发展程序、哲学义理。六十四卦的出现，形成了《易经》以阴阳线条为核心、以八卦物象为基础的完整的符号象征体系。"

《易经》每卦中的象辞为揭示本卦核心启示的画龙点睛之笔，直接强调加强道德修养的相关卦核心启示。《系辞下》说："象也者，像此者也"。其采取的方式是，取象比类，使用比喻修辞方法，通过观察自然景物的象，发现和掌握一定的规律或道理，对治理社会管理民众事务的君子提出风险警示与道德修身的忠告。六十四卦每一卦最核心、最精髓的、发自肺腑的启示是象辞所开示的内容。象辞乃取象比类开示易理之辞，既是风险警示的忠告，也是道德修养的法则，是每一卦中最有价值的核心理念，是学习《易经》时必须牢牢把握的核心和关键，如果疏忽或偏离了它，就会偏离大旨与要义。此处的象，为卦象。爻辞中出现的象，为爻象。

据《史记·殷本纪》记载，西伯侯姬昌被发配去羑里而演绎《周易》的缘起是这样的：

商纣王天资聪颖，口才好，神思敏捷，行动迅速，适应力强，勇武有力，空手能擒狼，赤膊打虎，振臂能驱豹，猛兽望风而逃；但是他又恃才傲物，藐视群僚，嗜酒成性，放荡作乐，宠爱女人，特别宠爱妲姬，一切都听从妲姬的。他加重赋税，聚敛钱粮，扩建沙丘的园林楼台，招来大批戏子与乐师，聚集在沙丘，用酒当作池水，把肉悬挂起来当作树林，让男女赤身裸体在其间追逐戏闹，饮酒寻欢，通宵达旦，天天快活胜神仙。

商纣王如此荒淫无度，整天玩得要多嗨有多嗨！自己倒是挺痛快的，百姓可不舒服着呢！百姓们怨恨他，诸侯有的也背叛了他。于是他就加重刑罚，设置了叫作炮烙的酷刑，让人在涂满油的铜柱上爬行，下面点燃炭火，人爬不动了就掉在炭火里。商纣王任用西伯昌、九侯、鄂侯为三公。九侯有个美丽的女儿，献给了商纣王，她不喜淫荡，商纣王大怒，杀了她，同时把九侯也施以醢（hǎi）刑，剁成肉酱。鄂侯极力强谏，争辩激烈，结果鄂侯也遭到脯（fǔ）刑，被制成肉干。西伯侯姬昌听说此事，暗暗叹息。崇城（今陕西鄠邑区）国君、侯爵崇侯虎得知后，向纣告发，商纣王就把西伯侯姬昌囚禁在羑里。

表 1-2 六十四卦卦名速查表

上卦 下卦	乾 天	兑 泽	离 火	震 雷	巽 风	坎 水	艮 山	坤 地
乾 天	乾为天	泽天夬	火天大有	雷天大壮	风天小畜	水天需	山天大畜	地天泰
兑 泽	天泽履	兑为泽	火泽睽	雷泽归妹	风泽中孚	水泽节	山泽损	地泽临
离 火	天火同人	泽火革	离为火	雷火丰	风火家人	水火既济	山火贲	地火明夷
震 雷	天雷无妄	泽雷随	火雷噬嗑	震为雷	风雷益	水雷屯	山雷颐	地雷复
巽 风	天风姤	泽风大过	火风鼎	雷风恒	巽为风	水风井	山风蛊	地风升
坎 水	天水讼	泽水困	火水未济	雷水解	风水涣	坎为水	山水蒙	地水师
艮 山	天山遁	泽山咸	火山旅	雷山小过	风山渐	水山蹇	艮为山	地山谦
坤 地	天地否	泽地萃	火地晋	雷地豫	风地观	水地比	山地剥	坤为地

羑里在今河南省安阳市汤阴县北，羑水流经境内。西伯侯姬昌在蒙难之地羑里将八卦相互组合重叠，组成八八六十四卦并撰写彖辞、象辞，

展现事物间矛盾联系的各种情状，每一卦，用一种自然物象打比方，揭示某一方面的规律，适宜于工作或生活的某种或多种情形，然后给出风险警示或忠告。

《易经》中的八经卦，两两重复排列为六十四卦（见表1-2）。卦名是：乾、坤、屯、蒙、需、讼、师、比、小畜、履、泰、否、同人、大有、谦、豫、随、蛊、临、观、噬嗑、贲、剥、复、无妄、大畜、颐、大过、坎、离、咸、恒、遁、大壮、晋、明夷、家人、睽、蹇、解、损、益、夬、姤、萃、升、困、井、革、鼎、震、艮、渐、归妹、丰、旅、巽、兑、涣、节、中孚、小过、既济、未济。六十四卦图像由两个八卦上下组合而成。

三、父子同八卦，周公协助进一步推演爻辞

周公，姓姬名旦，是西伯侯姬昌第四个儿子，周武王姬发的弟弟，曾两次辅佐周武王东伐纣王，并制作礼乐。因其采邑（指古代国军封赐给卿大夫作为世禄的田邑）在周，爵位为上公，故称周公。周公是西周初期杰出的政治家、军事家、思想家、教育家，被尊为"元圣"和儒学先驱、奠基人。周公一生的功绩被《尚书大传》概括为："一年救乱，二年克殷，三年践奄，四年建侯卫，五年营成周，六年制礼乐，七年致政成王。"周公摄政七年，提出了各方面根本性的典章制度，完善了宗法制度、分封制、嫡长子继承法和井田制。周公七年归政成王，正式确立了周王朝的嫡长子继承制，这些制度的最大特色是以宗法血缘为纽带，把家族和国家融合在一起，把政治和伦理融合在一起，这一制度的形成对中国封建社会产生了极大的影响，为周人八百年的统治奠定了基础。西汉初年著名政论家、文学家贾谊评价周公："孔子之前，黄帝之后，于

中国有大关系者，周公一人而已。"他对《易经》的贡献是协助其父西伯侯姬昌进一步推演三百八十四爻并撰写爻辞。

什么是爻呢？爻是易学名词，会意字，字从二乂。"乂"即"又"（变形）。"又"即"右手"。"二乂"上下排列，表示"手拿蓍草上下两次""两次用手排列蓍草"。其本义是绳结，在一根绳索上分段打结，表示一定含义。爻表示的是阴阳交织的整体作用，对地球来说就是指太阳和月亮的运动对地球的交织作用，有"作用相交织"的含义。其基础符号用"—"来直观表述太阳的阳性作用，用"— —"来直观表述月亮反射太阳对地球的作用和月亮自身对地球的作用，即两个"—"表述阴性作用。原始日晷观察日影变化时，用了八根绳索，每根分三段，段中打结。由于用了八根绳索，八卦曾经叫"八索"。八根绳索挂成一排，由"八挂"而有"八卦"，绳索的三个结成了卦的三爻，代表一个观察记录的三个要素。"爻"与"要"同音，可以理解为"要素"。西伯侯姬昌演绎与周公共同推演六爻的过程中，据推断，应当使用了相当数量的乌龟壳甲骨片与蓍草编制的绳索，记录下所获得的宝贵开示。

何谓爻辞？爻，象形字，本义是组成八卦的长短横道。爻符组合可构成卦符。爻画亦称"爻符""爻象""爻形"，指爻的符号。爻的交错变动组合出不同的卦，故爻表示交错和变动的意义。《系辞上》写道："爻者，言乎变者也。效此者也。效天下之动者也。"《说文解字》写道："爻，交也。象易六爻，头交也。"在古《易经》中并没有"阴阳"的明确定义。数百年后的《易传》才把"———"叫阳爻，把"— —"叫阴爻。

爻辞是说明爻义的文辞，《周易》六十四卦，每卦六爻，共三百八十四爻，加上乾、坤两卦各有一用爻，总为三百八十六爻，每爻先列爻题，后为爻辞。爻题皆为两字，一个表爻的性质，阳爻记为"九"，阴爻记为"六"；另一个表爻的次序、位置，自下而上，分别记为初、二、三、四、五、上。爻序号后面的话就是"爻辞"。爻辞是组成各卦内容的主要部分,有很多具有哲理性,如:"无平不陂,无往不复"(泰卦·九三),"三人行则损一人,一人行则得其友"(损卦·六三)等。

张善文在《象数与义理》中对《易经》的意义、特色、文献地位进行了洁静精微的概括:

"卦爻辞的出现,有两大意义,其一,使《周易》'经'部分成为卦形符号与语言文字有机结合的一部特殊的哲学著作。本来,仅有六十四卦符号,不过是一套自成象征体系的图案而已;加入文字,图文并列,则使之具备一部特殊的哲理专著的规模。其二,使'《易》象'从隐晦的符号暗示,发展为用文字表述的带有一定文学性的象征形象。如果仅凭卦爻符号,一卦一爻的内在含义颇难显明;有了卦辞、爻辞的说明,则卦爻的象征意义遂获得文字形式的较明确的喻示,便于读者理解。

"卦爻辞的基本特色是'假象喻意',即借用人们生活中习见常闻的物象,通过文字的具体表述,使卦形、爻形内涵的象征旨趣更为鲜明生动。如《中孚》卦九二爻辞曰:'鸣鹤在阴,其子和之;我有好爵,吾与尔靡之。'卦名'中孚'的意思是'中心诚信',九二爻以阳居下卦第二位,与上卦六五真诚相应,象征笃实诚信的'君子',故爻辞用譬喻性的语言说道:'鹤鸟在山阴鸣唱,其同类声声应和;我有一壶美酒,愿与你共饮同乐。'这些拟取生动的事象、物象来说明卦义、爻义的文辞,有不少是用韵文写成的,上文所引一则甚至采用了'比兴'手法。所以宋代陈骙《文则》指出:'《易》文似《诗》',并说有些内容'使入《诗·雅》,孰别爻辞?'这是很有见地的说法。

"因此,当卦爻辞撰定之后,一部兼具卦形和文辞两大要素的独特的古代哲学专著——《周易》,终于以完整的面目、严密的体系出现于世,流传不衰。"

四、儒道双弘，孔老升华哲学思想

《易经》思想，衍生出以孔子为代表的儒家和以老子为代表的道家等诸多流派，导致春秋战国时期各思想流派百家争鸣。

孔子，名丘，字仲尼，春秋末期鲁国陬邑（山东曲阜）人，曾从事"儒"（贵族丧事赞礼者）的职业，中年时开办私学。一度出任鲁国的中都宰、司空、司寇等职，后率弟子周游列国讲学十三年，其讲学言行的记录被弟子归集成《论语》传世。孔子是中华文化思想的集大成者，儒家学说的创始人。他的哲学思想提倡"仁义""礼乐""德治教化"，以及"君以民为体"。儒学思想渗入中国人的生活与文化领域中，同时影响了世界其他地区的大部分人近两千年。

孔子五十喜易，对《易经》的贡献是——撰写《十翼》，也称《易传》。

孔子将《易经》所涉猎的哲学思想进行初步的提炼和阐释，将其哲学方法论的意义和功用进一步彰显出来。《易传》之《十翼》，包括《彖传》上下、《象传》上下、《文言传》、《系辞》上下、《说卦传》、《序卦传》和《杂卦传》等七种十篇。这十篇的创作宗旨，均在解说"经"文大义，犹如"经"之"羽翼"，故汉代人合称之为《十翼》，后世亦称之为《易传》。

老子，姓李名耳，字聃，春秋时楚国苦县厉乡曲仁里（今河南鹿邑境内）人，与孔子同时而年长于孔子，是我国古代伟大的哲学家和思想家、道家学派创始人，被唐朝帝王追认为李姓始祖。老子乃世界文化名人，世界百位历史名人之一，存世有《道德经》（又称《老子》），其作品的精华，乃是在《易经》博大精深的哲学思想体系中开掘了一座金矿，具有朴素的辩证法思想，主张无为而治，其学说对中国哲学发展具有深刻影响。在道教中，老子被尊为道教始祖。老子与后世的庄子并称老庄。因老子是道家的创始人，所以老子又被古人称为"太上老君"。他对弘扬《易经》思想，起到了重要作用。由于后世对其学问中玄学过分宣扬，他被蒙上了神秘化的色彩。

老子是使《易经》绽放光芒的重要工匠。

如果没有孔子与老子的开凿与弘扬，《易经》有可能夭折。

伟哉！

伟大人文工匠，使伟大的《易经》变易哲学，根植华夏，广播世界，流传后世，永垂不朽！

此后注家风起云涌，西汉京房的《京氏易传》、唐代孔颖达的《周易正义》、宋代朱熹注解的《周易本义》、清代李光地等的《周易折中》等是诸多注释学家中的佼佼者。这些专家虽有贡献，但基本上停留在训诂注释的水平上。

第二节

"易经"是什么样的学问

> 观日月更迭，察纺织经纬，识发展变化规律，行"洁静精微"之教。
>
> 用"简易"的方法，看待"变易"的事物，发现"不易"的真理。

一、何谓"易经"

为什么叫"易经"，而不是叫其他什么经呢？

这需要从中华古文明的造字开始说起。了解古代汉字的创造和演变，你就会了解中华民族的古文化，就会进入古汉语语境所描述或阐释的意境，体悟出其所宣达的义理。否则，难以领悟变易哲学的精髓或只知道只言片语，就飘飘然而神秘玄幻起来，既误己也害人。

在古文字中，何谓易？至少有两种说法：

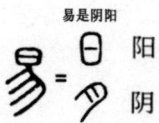

第一章
《易经》——富有中华民族独特智慧的变易哲学

其一,"日月为易,阴阳(交替)也。"许慎,字叔重,汉朝汝南郡召陵县(今属河南省漯河市召陵区)人,倾尽毕生精力,从事弘扬和发展中国传统文化。《说文解字》(本书中训诂引用统称《说文》)是许慎一生精心之作,前后花费了他半生的心血。由于许慎对文字学做出了不朽贡献,后人尊称他为"字圣"。

关于"易"字,《说文》解释:"日月为易,象阴阳也。"虞翻注《参同契》云:"字从日下月。"《系辞下》中说:"日往则月来,月往则日来,日月相推而明生焉。寒往则暑来,暑往则寒来,寒暑相推而岁成焉。往者屈也,来者信也,屈信相感而利生焉。"易字由日月二字上下组合构成,为日升月落、月升日落,循环往复更迭不已,在日升月落往复变更中,寒来暑往,春夏秋冬四季轮回更迭。"来者信也"表明其最显著特征是变化能够不停地重复出现,有一定的规律可遵循。

其二,唐汉在《汉字的奥秘》中写道:"会意字。右为鸟的简省形,左为表示翅膀扇动的'彡'。两根会意,以鸟的奋翅飞走表示易地而往。又以候鸟水禽的天上能飞、地上能行、水中能游表示抽象意义的变易、简易、不易(乃《易经》的宗旨)。"

取象造字,无论由日月构成,还是飞鸟构成,均取其变化之义。变化是易的核心与精髓。

"经"从糸从坙,原指织布机上的纵线,在这里指经书。经书一般指作为思想、道德、行为等标准的书,亦称宗教中讲教义的书,或称某一方面事物的专著。根据哲学、宗教思想划分,有易经、道经、儒经与佛经等。上升到经的高度,一般属于规律、规则、规范的范畴,是对恒常不变规律的概括。《易经》就是关于发展变化规律的学说。

孔子曾经说过:"洁静精微,《易》之教也。"(《礼记·经解》引孔子语)可谓一语道破《易经》之精神,《易经》之本质,《易经》学说之凝聚力,《易经》玄思之感召力。

那"洁静精微"是什么意思?

唐代孔颖达在《礼记正义》中对"洁静精微"作了这样的疏解:"《易》之于人,正则获吉,邪则获凶,不为淫滥,是洁静;穷理尽性,言入秋毫,是精微。"

宋代张载《张子正蒙》云:"《易》为君子谋,不为小人谋。故撰德于卦,虽爻有小大,及系辞其爻,必谕之以君子之义。"又云:"洁静精微,不累其迹,知足而贼,则于《易》深矣!"

张善文先生著《洁静精微之玄思》对"洁静精微"又进行了宏观意义上的引申发挥:"洁者,一尘不染,通体清澈,一片冰心在玉壶之谓也。静者,涵咏沉潜,闲适乐天,万物静观皆自得之谓也。精者,纯粹不杂,坚确不移,炉火十年磨一剑之谓也。微者,虚无缥缈,得失无度,别有天地非人间之谓也,总此四言,便是《易》之哲理内核,《易》之精神,《易》之智能。"

作为文明之根、文化之源的《易经》,是群经之始、群经之首、群经之祖,是中华文化与文明的总源头,也是世界文明的源头之一。其思想精髓深深根植于中国乃至世界民众的社会实践和日常生活中,千万年来绵延不息,影响、引导中华文明乃至世界文明的走向,不过,人们日用而不知,时用而不觉。未雨绸缪、居安思危、福祸相生、盛衰无常、否极泰来、物极必反、随遇而安、量力而行等思想和原则都发端于《易经》的相关卦中。

本书将用比较通俗的风格全面、系统地阐述变易哲学的辩证体系,剖析《易经》对我们的工作与生活到底有什么用途。

二、何谓"三易"

《易经》是关于普遍联系与发展变化的学问，可以简单概括为"三易"：简易、变易、不易——用"简易"（观察体悟、比喻）的方法，看待"变易"（变化）的事物，发现"不易"（事物发展变化永恒）的真理，找出事物自身的本质规定性和内在蕴含的规律，并用以指导社会和生活实践。许多事情很热闹，跟着热闹，常常会忙里出错，乱上添乱；静下心来看一看，听一听，想一想，往往就能够看出门道，悟透道理，然后再办理这件事，就会得心应手，顺风顺水，马到成功。

自然界和社会诸现象之间必然、本质、稳定和反复出现的关系称之为规律。事物之间内在的必然联系，决定着事物发展的必然趋势和方向。规律是客观的，不以人的意志为转移。在马克思主义哲学中，规律亦称法则。客观事物发展过程中的本质联系，具有普遍性的形式。规律和本质是同等程度的概念。规律具有客观性——它是客观的，既不能创造，也不能消灭；不管人们承认不承认，规律总是以其铁的必然性起着作用。规律等于真理——这个世界任何物质都受规律约束，彼此对立又互相联系统一。矛盾对立统一，使得世间各种事物得以客观存在。客观存在的事物有合理性，也有弊端，有长处也有短处，有积极的作用，也有消极的作用。观察事物，判断问题，提出解决问题的方案，要善于运用矛盾对立统一的规律，从正反两个方面客观全面地综合判断，而不是主观武断、机械片面地认识事物分析问题，我们才可能得出正确的结论，在工作、生活实践中避免选择错误的路线、方式、方法，因而提高效率，避免错误，远离犯罪或灾难。从这个角度与高度看，《易经》所涵盖的朴素辩证法体系与马克思主义唯物辩证法有着高度的契合。

与其说《易经》是中华民族的文明之根、文化之源，不如这样表述更为准确——中华民族具有高度的古文明，《易经》是对古文明的高度概括与总结。

第三节

《易经》的核心与精髓

西伯侯姬昌等古圣先贤与马克思、恩格斯不约而同想到一块儿啦！八八六十四卦阐述的"义理"与马克思主义唯物辩证法不谋而合。

崇德广业：治国、兴企、持家、做人不讲道德那怎么行啊！

耳提面命："水可以载舟，亦可以覆舟"，这是颠扑不破的真理。

诚信是社会安定的基石，阳光政务、司法公正并非现代文明所首创，古圣先王早早就想到并做到啦！

统一思想：是成就事业的思想基础和精神基础，是团结奋发的动力源泉。

按规律办事：要从实际出发，因时制宜，因地制宜，因情制宜，因机制宜，因势制宜，可不是写八股文说"因地制宜"这一点！

《易经》的课业在于"列明相位,明德业"——核心是《大学》中提炼、升华、倡导的"三纲领"与"八条目"。《大学》道:"大学之道,在明明德,在亲民,在止于至善……古之欲明明德于天下者,先治其国;欲治其国者,先齐其家;欲齐其家者,先修其身;欲修其身者,先正其心;欲正其心者,先诚其意;欲诚其意者,先致其知;致知在格物。物格而后知至,知至而后意诚,意诚而后心正,心正而后身修,身修而后家齐,家齐而后国治,国治而后天下平。"所谓"三纲领"就是"明德、亲民、至善。"所谓"八条目"就是"格物、致知、诚意、正心、修身、齐家、治国、平天下"。《易经》是关于变易(化)规律的学说,揭示宇宙、社会安定和谐的基本法则,经得起历史实践、社会实践的检验和哲学理论的验证,是放之四海而皆准的真理,是认识世界、改造世界、创造历史、缔造文明的行动指南。此乃《易经》的核心与精髓。

一、用唯物辩证法看问题

唯物辩证法是一种研究自然、社会、历史和思维的哲学方法;是辩证法的三种基本历史形式之一;是由马克思首先提出,经其他马克思主义者(比较突出的如恩格斯、列宁、毛泽东等)发展而形成的一套世界观、认识论和方法论的思想体系;是马克思主义哲学的核心组成部分。它揭示了"普遍联系"和"永恒发展"是世界存在的两个总的基本特征,从总体上阐释了世界万物的辩证性质。

《易经》的简易、变易、不易是从联系、发展角度通过六十四卦所反映的现象、情态及其蕴含的规律性分析把握事物发展变化趋势的,所涵盖的哲学体系更广大悉备,所涉猎的内容与范畴比唯物辩证法更全面深刻,在预测学方面发挥了巨大的作用。由于晦涩难懂,几千年来被占卜算命者穿凿附会，流于迷信的滥觞。

唯物辩证法的基本规律和各个范畴，从不同侧面揭示了"普遍联系"和"永恒发展"这两个基本特征的内涵和外延。

一阴一阳之谓道——矛盾对立统一的观点是唯物辩证法的核心。"自从代表阴阳的'▬ ▬''▬▬▬'两画产生之日开始，《周易》哲学就奠下了最初的萌芽；而当八卦重成的独具体系的六十四卦及卦爻辞创成、编定之后，《周易》的象征哲学就完全显示出奇异的思想光华。""《周易》的象征，是其哲学内容的基本表现形式；而贯穿全书的反映事物对立、运动、变化规律的思想，则是六十四卦哲理的内在核心。显然，《周易》的'经'部分，虽以占筮为表，实以哲学为里，应视为一部充满象征色彩的哲学著作。"（张善文《象数与义理》）

对立统一规律在乾坤、泰否、既济与未济等卦中多有体现和揭示；质量互变规律在渐卦中体现和揭示；辩证否定观也就是否定之否定规律在需、泰、否卦等多卦中体现和揭示。唯物辩证法的五对基本哲学范畴在易经六十四卦中分别有体现和揭示，观卦揭示了现象和本质的辩证关系；贲卦揭示了内容和形式的辩证关系；未济等卦揭示了原因和结果的辩证关系；既济、未济等卦揭示了发展变化趋势及可能性与现实性的辩证关系；萃卦揭示了偶然性与必然性的辩证关系。除了五对基本哲学范畴外，唯物辩证法的其他相关范畴在相应的卦中也有揭示。其蕴含的深刻哲理与辩证思想，在相应诸卦中也从不同角度或侧面进行了揭示。

如果把六十四卦所展现的种种现象相互割裂独立开来，您会感觉满头雾水，神秘玄幻得摸不着头脑，今天我们将其与马克思主义唯物辩证法构建起桥梁，联系起来看，捅破了窗户纸，您就会豁然开朗，发现这个世界别有洞天。

《易经》所讲的"义理"，"用今天的话说，接近'哲学思想'为主兼含宇宙观、人生观在内的特殊概念。《周易》一书既以'象数'示人，而通过'象数'的展示，所表露的乃是丰富的寓有精奥睿智的'义理'内容。因此，我们可以说，《周易》的'义理'内涵，即是六十四卦、三百八十四爻所蕴蓄的象征意义及哲学理致。"（张善文《象数与义理》）

掌握《易经》这门博大精深、奥妙无穷的辩证哲学，需要运用联系、发展的眼光辩证看问题：

一是物极必反。"普遍联系"和"永恒发展"是世界存在的两个总的**基本特征**。事物的发展不可能停留在一种状态凝滞不变，发展变化是事物存在的基本状态。事物发展到极端，会向相反方向转化。否极就会泰来，泰极就会否来（《易经》否、泰两卦深刻阐述事物发展变化物极必反的基本规律）。逆境达到极点，就会向顺境转化。顺境达到极点，就会向逆境转化。这是事物发展变化的基本趋势。这一亘古不变的规律，首先在《易经》中进行了比较朴素的揭示。这种本质规定性，在剥与复、蹇与解、损与益、升与困、兑与涣、既济与未济等其他卦中都有不同的体现，也是演绎《易经》的内在根据。物极必反思想构成以老子为代表的道家哲学的基本内核，"持而盈之，不如其已。揣而锐之，不可长保。金玉满堂，莫之能守。富贵而骄，自遗其咎。功遂身退，天之道。"（《道德经》）"全则必缺，极则必反，盈则必亏。"（《吕氏春秋·博志》）揭示物极必反规律的三种情形。有了对规律性的深刻认识后，看待事物、分析问题，应该坚持矛盾对立统一规律，发展而不僵化，联系而不孤立，当然会避免片面性和狭隘性，就会注意普遍性和特殊性，就可能避免简单、机械、呆板、纰漏的行为发生。

二是居安思危。基于对物极必反规律的认识和把握，《易经》所揭示的道理具有深刻的忧患意识。这一思想在否、泰、豫、大有、大壮、大畜、恒、丰、晋、升、既济等卦中有深刻的体现，而且始终贯穿于《易经》之中，每卦象辞所揭示的核心启示，就是站在居安思危角度所敲响的防范风险的警钟。

三是中庸致和。对世界有了客观辩证的认识,也具有了忧患和危机意识,在变动不居的世界里,在纷扰变乱的社会实践与生活中,应该秉持什么样的态度、原则、方法应对层出不穷的事件和问题呢?《易经》中,在坤、蛊、离、蹇、解、夬、姤、困、震、既济等卦中多处出现"中道",在需、讼、履、同人、豫、观、离、晋、益、姤、井、艮、巽、涣、节等卦中多处出现"中正",后由孔子倡导、子思阐发形成提高人的基本道德、精神修养以达到天人合一、太平和合的神圣境界的一整套理论,称之为中庸之道,是儒家修行的法宝。中庸之道,用现在的文化成果表述,一言以蔽之,就是按规律办事。当我们站在哲学角度来学习研究《易经》,你会发现,它是关于世界观、人生观、价值观的学问,是人们认识世界、顺应时势、推动社会文明进步的智慧宝典。

四是悔吉吝凶。《系辞上》云:"圣人设卦观象,系辞焉而明吉凶,刚柔相推而生变化。是故,吉凶者,失得之象也。悔吝者,忧虞之象也。"悔,后悔;吝,心上有事放不下,有包袱,举棋不定思虑过重,呈现患得患失的心态。悔生吉,吝生凶,是人事的基本规律。悔吉吝凶规律也是易理的基本规律。

五是变通致久。《系辞下》云:"易,穷则变,变则通,通则久。"这是《易经》的重要辩证法则。《易经》自古又被称为变经,变与不变是统一在一起的,所以,明末清初思想家、史学家王夫之说:"《易》兼常变也。"变是《易经》所反映的本质规定性。《系辞下》云:"《易》之为书也,不可远,为道也屡迁。变动不居,周流六虚,上下无常,刚柔相易。不可为典要,唯变所适。"变就有常,有常就有变。《易经》揭示发展变化的规律是恒常通久的法则,在恒常通久中表现着"唯变所适"的可变规律,这种规律被称为"天行",即天道运行的规律,也就是自然规律。世间万物都在变,唯有规律是不变的。天道规律永恒不变的最高表现就是天高地卑、阳尊阴卑。事物发展变化必然遵循天道运行规律,体现尊卑长幼的秩序,这种常变规律是《易经》成卦的根本原则,也是贯穿《易经》的主线,如果偏离这条主线,则偏离了易理。《易经》是关于天道、地道、人道的学问,展示演绎世间万物都是发展变化的,只有天道规律本身恒常不变,那么,人就应该效法天道(自然规律),不违天(自然)逆常(规律),顺时适变,才能变通致久。事物变化遵循天道运行的规律是《易经》最根本的辩证法则。

二、高度重视道德修养

　　道为万物之源。遵道而行,谓之德。道生化万物,德养育万物。使万物成长、发育却不拥有,使万物自立、成熟却不自以为施恩,尊重万物而不肆行主宰,这就积蓄了无限深厚的德行。学习、研究、掌握《易经》的思想与精髓,需要了解其写作、表达基本方式与特点,可以简单概括为"生动的比,贴切的兴,缜密的演,形象的喻,宝贵的示"——其主要运用修辞学中的比兴,以卦象打比方,深刻揭示事物内部蕴含的客观规律或属性,兴发演绎展示出宝贵的易理,供人们参考借鉴,用以指导社会实践与生活。《易经》是宝贵的修身宝典,也是沟通融洽人际关系、构建社会和谐关系的润滑剂。学习掌握规律,按规律办事,被誉为德。在古老的《易经》中,每一卦无不闪烁着这种德行的伟大智慧的光辉,在人类发展的文明史上,它犹如指引前进的灯塔,放射着熠熠光芒。

　　德是人性的根,年久日深愈见其美。

　　德是文明的基石,无德国不立。

　　德是友谊与博爱的桥梁,无德天下将陷入纷争的深渊。

　　《易经》每卦中的象辞为揭示本卦核心启示的画龙点睛之笔,直接强调加强道德修养的相关卦核心启示枚举如下:

第一章
《易经》——富有中华民族独特智慧的变易哲学

乾卦"天行健，君子以自强不息"。

坤卦"地势坤，君子以厚德载物"。

蒙卦"山下出泉，蒙，君子以果行育德"。

小畜卦"风行天上，小畜，君子以懿文德"。

否卦"天地不交，否，君子以俭德避难，不可荣以禄"。

大有卦"火在天上，大有，君子以遏恶扬善，顺天休命"。

谦卦"地中有山，谦，君子以裒多益寡，称物平施"。

豫卦"雷出地奋，豫，先王以作乐崇德，殷荐之上帝，以配祖考"。

蛊卦"山下有风，蛊，君子以振民育德"。

观卦"风行地上，观，先王以省方观民设教"。

大畜卦"天在山中，大畜，君子以多识前言往行，以畜其德"。

颐卦"山下有雷，颐，君子以慎言语，节饮食"。

大过卦"泽灭木，大过，君子以独立不惧，遁世无闷"。

坎卦"水洊至，习坎，君子以常德行，习教事"。

咸卦"山上有泽，咸，君子以虚受人"。

恒卦"雷风，恒，君子以立不易方"。

大壮卦"雷在天上，大壮，君子以非礼弗履"。

晋卦"明出地上，晋，君子以自昭明德"。

家人卦"风自火出，家人，君子以言有物而行有恒"。

蹇卦"山上有水，蹇，君子以反身修德"。

损卦"山下有泽，损，君子以惩忿窒欲"。

益卦"风雷，益，君子以见善则迁，有过则改"。

升卦"地中生木，升，君子以顺德，积小以高大"。

井卦"木上有水，井，君子以劳民劝相"。

鼎卦"木上有火，鼎，君子以正位凝命"。

震卦"洊雷，震，君子以恐惧修省"。

艮卦"兼山，艮，君子以思不出其位"。

渐卦"山上有木，渐，君子以居贤德善俗"。

归妹卦"泽上有雷，归妹，君子以永终知敝"。

节卦"泽上有水，节，君子以制数度，议德行"。

小过卦"山上有雷，小过，君子以行过乎恭，丧过乎哀，用过乎俭"。

《易经》本身是一部伟大的哲学著作，在古代历史环境中以文言写作成书，难免艰深晦涩，很多人没有古文言功底，对古代历史又缺乏了解，对其望而却步，甚至以"之乎者也"相推搪，加以全面否定，乃是中华民族的遗憾！是人类历史的遗憾！

所幸的是，孔子作《十翼》，在系统阐释其蕴含的哲学思想方面，做出启蒙性和突破性的伟大贡献。在这个伟大的哲学体系中，《系辞下》精辟指出了相关卦在加强道德修养方面的功用："《易》之兴也，其于中古乎！作《易》者，其有忧患乎！是故履，德之基也；谦，德之柄也；复，德之本也；恒，德之固也；损，德之修也；益，德之裕也；困，德之辨也；井，德之地也；巽，德之制也。履，和而至；谦，尊而光；复，小而辨于物；恒，杂而不厌；损，先难而后易；益，长裕而不设；困，穷而通；井，居其所而迁；巽，称而隐。履以和行，谦以制礼，复以自知，恒以一德，损以远害，益以兴利，困以寡怨，井以辨义，巽以行权。"

基本意思是，《周易》的成书，大概是中古时代吧。作《周易》的人，大概充满着忧患意识吧！所以礼，是德行的基础；谦，是把握德行的柄持；复，是德行的根本；恒，是德行的修固；损，是对德行的修养；益，是德行的宽裕；困，是德行的辨别；井，是育德之地；巽，是对德的裁断；礼，和悦而践行；谦，尊让而光大；复，微小而能识辨于物；恒，遇事杂乱恒守而不厌倦；损，减损私欲，是起初难而以后易；益，增长宽裕而不摆设（夸耀）；困，穷困而能通达；井，居其所而迁养民众；巽，称量事物隐藏而不露。礼以和而行事，谦以制订礼仪，复可以自知,恒因恒守一德,损以远离灾害,益以兴隆其利,困可以减少怨尤,井(养民)可以辨其义,巽可以申命行权。

可以看出,道德修身,积善远恶,经世济民,是《易经》的主线、核心与精髓。《易经》是道德修养的宝典,肩负"崇德广业"的社会使命,这是《易经》为是中华文明源头的原因所在。

三、以民为本,仁政爱民

"水可以载舟,亦可以覆舟。"民众如水,君王是舟。这个道理在相关卦中深刻开示:

师卦"地中有水,师,君子以容民畜众"。

履卦"上天下泽,履,君子以辩上下,定民志"。

泰卦"天地交,泰,后以财(裁)成天地之道,辅相天地之宜,以左右民"。

临卦"泽上有地,临,君子以教思无穷,容保民无疆"。

剥卦"山附于地,剥,上以厚下安宅"。

离卦"明两作,离,大人以继明照于四方"。

明夷卦"明入地中,明夷,君子以莅众,用晦而明"。

夬卦"泽上于天,夬,君子以施禄及下,居德则忌"。

许多卦爻辞中也多有"以民为本"思想表述:屯卦初九"象曰:虽盘桓,志行正也。以贵下贱,大得民也"。仁民爱物思想,始终贯穿于诸卦之中。这体现了"齐家、治国、平天下"的着眼点、立足点、出发点和落脚点,是统治者赢得民心受拥戴的核心所在。不用说建国兴邦,就是创建一个企业,不是也要重视"以人为本"吗?!

四、讲究诚信，司法公正

诚信是社会安定的基石。客观规律基本特征是诚信无妄，社会生活以诚信为基本准则才能维持公序良俗。治国、平天下，要讲究诚信、阳光政务、司法公正。现枚举相关卦核心开示：

豫卦"圣人以顺动，则刑罚清而民服"。

噬嗑卦"雷电，噬嗑，先王以明罚敕法"。

贲卦"山下有火，贲，君子以明庶政，无敢折狱"。

解卦"雷雨作，解，君子以赦过宥罪"。

丰卦"雷电皆至，丰，君子以折狱致刑"。

旅卦"山上有火，旅，君子以明慎用刑，而不留狱"。

中孚卦"泽上有风，中孚，君子以议狱缓死"。治理社会须彰显公平正义，维护安定和谐。

五、统一思想意志，团结凝聚人心

思想意志统一是成就事业的思想基础和精神基础，是团结奋发的动力源泉。这一思想，在《易经》许多卦中予以揭示：

蒙卦"彖曰：蒙，山下有险，险而止，蒙。蒙亨，以亨行，时中也。匪我求童蒙，童蒙求我，志应也。初噬告，以刚中也。再三渎，渎则不告，渎蒙也。蒙以养正，圣功也"。

比卦"象曰：地上有水，比，先王以建万国，亲诸侯"。

履卦"象曰：上天下泽，履，君子以辩上下，定民志"。

同人卦"象曰：天与火，同人。君子以类族辨物"。"彖曰：唯君子为能通天下之志"。

豫卦"九四,由豫,大有得;勿疑,朋盍簪"。"象曰:由豫,大有得,志大行也"。

大畜卦"九三,良马逐,利艰贞。曰闲舆卫,利有攸往"。"象曰:利有攸往,上合志也"。

姤卦"彖曰:刚遇中正,天下大行也。姤之时义大矣哉"。"象曰:天下有风,姤,后以施命诰四方"。

巽卦"象曰:随风,巽,君子以申命行事"。

困卦"象曰:泽无水,困。君子以致命遂志"。

兑卦"象曰:丽泽,兑,君子以朋友讲习"。

涣卦"象曰:风行水上,涣,先王以享于帝立庙"。

六、顺应时势,按规律办事

"时"是《易经》多处提及的重要概念,所强调的是,要从实际出发,因时制宜,因地制宜,因情制宜,因机制宜,因势制宜,按规律办事,把握好"度"的规定性,掌握好分寸、火候,那么,做事则会取得好的效果。时势有时、时义、时用之别,《易经》中豫、旅、遁、姤四卦探讨的是"时义";睽、蹇、坎三卦探讨的是"时用";解、革、颐、大过四卦直接探讨"时",而没有揭示"义"与"用"。这在学习和实践运用中都要用心体会。

每一卦的画龙点睛之处是象辞,每一卦都将围绕这一核心思想诠释演绎,如果偏离了这个基点与核心,对《易经》的理解就偏离了正确方向,更谈不上正确使用。这一点千万要注意。

第四节

学习《易经》到底有什么用

> 揭示事物本质，掌握规律，指导实践，才是通行的大道。
>
> 遵道崇德：干小事，用途不明显；干大事，保国保家保性命。
>
> 背道弃德：栽大跟头是早晚的事。

学习《易经》到底有什么用呢？

孔子在《系辞上》中说："夫易何为者也？夫易开物成务，冒天下之道，如斯而已者也。是故，圣人以通天下之志，以定天下之业，以断天下之疑。"——什么是发展变化的学问？指的是揭示事物本质，掌握规律，指导实践，才是通行的大道，仅此而已。所以说，圣人能够通达天下人的心志，奠定天下基业，裁断天下的疑难。

《易经》，在中国古代是社会各阶层广泛运用的一种文化思想理论体系，统治者、政治家、军事家用其运筹帷幄，治国安邦；民众百姓则将其作为养生、预测祸福、经商赢利的工具……《易经》实际运用水平的高低，其差异在于各人对《易经》理解的深浅程度和正确与否。大凡精通

《易经》者，多为贤哲、伟人、杰出人物，有通天彻地之能，深谙发展变化之道，三国时期辅佐蜀汉刘备的诸葛亮，唐代辅助唐太宗李世民的袁天罡、李淳风，明代辅佐明太祖朱元璋的刘伯温等是杰出代表。他们在政权兴盛、民风化育等方面发挥重要作用。这些杰出人物，由于明白易理，会运用易理解决相关问题，在民间传说中被传得神乎其神。

《易经》所涉及的学科广度、所涵盖的思想高度、所富有的人文情怀，广大悉备，包罗万象，理论与实践结合得相当完美。

在《易经》基础上，《道德经》对其物极必反、福祸相生、以民为本、无为而治等重要思想有所发展和升华，但远远反映不了《易经》的全貌和思想与精神的高度及广度。

打个比方，如果说《道德经》是海滩上一枚瑰丽斑斓的贝壳，那么，《易经》则是浩瀚无垠的大海。不管从哪个角度，哪个高度，无论海角，无论天涯，无论天南，无论地北，我们所感悟和领略的，可能仅仅是管窥一处曼妙的景致，美不胜收，就已经陶然欲醉！

如果说《论语》是树木上的繁花绿叶，那么《易经》则是绵延群山那无边的绿色森林，不管从哪个山谷进入都难以穷尽奥妙！不管从哪一座山峰登临，只能仰望众山高崇伟岸，难觅众山之小！

规律谓之道，按规律办事谓之德，遵道懿德，崇德广业，吉祥如意！

这是《易经》的精髓所在。

乾卦象辞为"天行健，君子以自强不息"，坤卦象辞为"地势坤，君子以厚德载物"。清华大学校训，就是这两卦象辞的集合。要求莘莘学子都要有阳刚劲健、奋发向上、自强不息的精神和承载万物的宽厚胸怀，肩负起使命责任，成长为国家和民族的栋梁，为社会、为人民、为未来做出应有的贡献！

学习了解《易经》的精髓，有两个哲学概念需要了解一下，一个是"道"，一个是"德"，进行全面说明比较啰唆费时间，我们先粗浅地了解一下，在详细讲解各卦时，对涉及的相关道德修养问题将阐释得更为详尽深刻，需要时间和下功夫，更需要发自内心战战兢兢地践行。

"道"在《易经》和《道德经》中都是重要的哲学概念。南怀瑾先生在《老子他说》中写道："在传统的古书中，大约便有三种意义与用法。（一）'道'就是道，也便是人世间所要行走的道路的道。犹如元人马致远在《天净沙·秋思》中所写的：'枯藤老树昏鸦，小桥流水人家，古道西风瘦马，夕阳西下，断肠人在天涯。'这个'古道西风瘦马'的道，便是道路的道。照《说文》意义的注释就是：'道者，径路也。'（二）'道'是代表抽象的法则、规律，以及实际的规矩，也可以说是学理上或理论上不可变易的原则性的道。如子产在《左传》中所说的：'天道远，人道迩。'如子思在《中庸》首章中所说：'天命之谓性，率性之谓道。'孙子所说：'兵者，诡道也。'等等。（三）'道'是指形而上的道。如《易·系传》所说：'形而上者谓之道，形而下者谓之器。'又如道书所说：'离有离无之谓道。'这便同于佛经上所说的：'即有即空，即空即有。'玄妙幽微，深不可测了！""道"在易经中是基本的哲学范畴，与"德"对立统一，二者构成《易经》的理论基石，也是八八六十四卦探讨的核心问题。其精髓在于，从客观规律出发，探讨加强道德修养的原则、态度、方法、途径等问题。

德是《易经》的着眼点、落脚点，学习《易经》要修炼的核心和精髓就是"德"。唐汉在《汉字的奥秘》中写道："从彳从直从心。三根会意，表示一心往前直行。""由一个人的行大道，不走小路义引申，又指人的端直品行。"《古代汉语字典》中说："德是会意字，由表示行走的彳（chì）、代表眼睛的罒和表示心脏、人的内心的心三部分组合而成。合起来指眼睛可以看到的人心的行为。"《篇海类编·人事类·彳部》中有："德，德行。"《古代汉语大字典》中说："道德，品行，节操。"《古代汉语字典》言："道德，品行。"王安石在《寓言九首》中写道：

"功高后毁易，德薄人存难。"《说文》中写道："德，声也。"

彳，小步也，表示与行走有关。本义指登高、攀登。十，指代直线，正确的标的方向。目，十下面是一双眼睛，表示目光瞄准、直射之意。一，惟初太始。道立于一，造分天地，化成万物。心，一下面是心，遵循本性、本心的意思。所以，直视"所行之路"的方向，遵循本性、本心，顺乎自然，便是德；本心初，本性善，本我无，便成德。"德"的本意为顺应自然、社会及人类客观需要去做事。不违背自然规律发展去发展社会，提升自己。六十四卦的开端两卦，乾卦开示"进德修业"，坤卦开示"厚德载物"，为我们洞悉天地之中有乾坤的端倪。

"道"需要用头脑走路，"德"需要用心办事！

"道"基本等同于规律，"德"就是按规律办事，并养成正确的行为规范。基本要求是，思考问题动机纯正，行事态度端正，品性行为符合规律或原则，不主观妄断，随顺自然，戒慎恐惧。中国国学中的中庸之道就是对其的把握与运用。

学习《易经》，遵道崇德，孔子说："如临父母，如有师保。"

加强道德修养到底有什么用？具体点说，干小事用途不明显，干大事时保国保家保性命！

我们日常经商，讲诚信，注重建立良好的公共关系，人脉、客户群、市场都会维护得很好。如果不诚信，坑蒙拐骗，可能骗点小钱，产业实在难以做大。

您想想，被毒蛇咬过的人，谁还跟毒蛇再打交道呀！

讲道德，是成就一切事业的根基。

不讲道德行不行？栽大跟头是早晚的事！

除了搭上一家人的性命，干多大的事业，就会葬送多大的事业。

德为人之本，德为国之基。

无德业不立！

学习和运用《易经》的伟大作用，正如《系辞上》中所说可以"崇德广业"。

人们对《易经》总是有一种神秘感。

如果您有时间也有兴趣，倒不妨像巴蜀故事大王摆龙门阵那样，用庖丁解牛的方法，轻轻松松地学习一下《易经》讲了哪些理，看看它神秘玄幻在哪，对您有什么用途。

许多读者、朋友希望我对《易经》给予通俗系统的诠释。

《易经》讲了哪些理呢？我们揭开其神秘的面纱，不妨共同步入天地之中，体悟乾坤之道衍生展现的发展变化之道及无穷奥妙，一起进入《易经》玄妙的世界，领略那瑰丽斑斓而充满无穷智慧的神圣殿堂。

让我们追随古圣先贤，仰观天象，俯察地理，从洞悉乾坤之道开始，共同开启心灵探寻中华古文明之旅！

那就从"天地之中有乾坤"开始吧！

第二章

乾卦 —— 天道刚健

 乾 乾为天

第一节
仰观天象，看到了什么

> 人人喜欢看天，你看，我看，大家看，看到了什么？
> 西伯侯姬昌仰观天象，洞开宇宙乾坤之道的大门，为我们揭示变易哲学并用以指导实践运用。
> 在充满无穷变化的环境中，"君子以自强不息"是必须的。

很多人都习惯看天，也喜欢看天。

天上打雷、下雨、刮风，你看，我看，大家看，能够看出什么门道呀？我们的祖先却看出了大学问！

中华古文明源流从哪里来？恰恰是从看天观象开始的。

看天，发现了无比神奇玄妙的世界！

首先，看看天空是什么样的。

无论是仰望蓝天还是夜空，它有似穹隆，高远、辽阔、浩瀚，一望无际，望也望不到边。天空时而碧空如洗一片蔚蓝；时而层云叠嶂，望断一层浮云，又是一层浮云，无限延展，永无际涯；时而风云骤变，电闪雷鸣，或淫雨绵密如霏，或暴风雨横扫雷霆，摧枯拉朽，经过洗礼之

后又催生新的生命,或爆发新的力量!及至夜晚,浩瀚深邃的夜空或明或暗的星星,犹如圣明的哲人,为我们点破迷津,给人以神秘的启示。

这就是天空,这就是我们的外在世界,这就是我们生活其中的自然环境!

如果离开天,没有阳刚之气的催生,我们无以获得养分和能量,那何以在生存的大地上立足和繁衍生息呢?!

从远古看天开始,人们对天的了解越来越多,认识也越来越深刻,文字书写也在不断演进。乾,从现存典籍看,最早用"乾"字的便是《易经》。《说卦》中有:"乾,天也。"《系辞下》曰:"乾,阳物也。"《杂卦》中有:"乾刚坤柔。"《说文》中解释:"乾,上出也。从乙,乙,物之达也;倝声。"段玉裁注:"此乾字之本义也。自有文字以后,乃用为卦名,而孔子释之曰健也。健之义生于上出,上出为乾,下注则为湿,故乾与湿相对,俗别其音,古无是也。"朱骏声在《说文通训定声》中说:"达于上者谓之乾。凡上达者莫若气,天为积气,故乾为天。"《古代汉语字典》中说:"乾(乹)。乾是形声字。乙为形,倝(gàn)为声。乙表示植物由地里向地面冒出。乾的本义指向上冒出。"乾为八卦之一,又为六十四卦之一,用来象征天、阳、日、君、父、夫等。自然的天空,具有催生万物生长的神奇力量!

乾卦卦象是"乾下乾上"。

乾卦卦象,说起来很抽象,其实很形象、很具体——立足大地,抬头向天空看,看了再看,一层天连着一层天,直上九霄,看也看不到尽头。看到这种景象,我们实在无法穷尽每个人的感悟和启示,但西伯侯姬昌蒙难被商纣王囚禁在羑里流放在空旷的荒野,仰望天空,感悟"天"有着阳刚、劲健、创生、和畅、亨通的特性和功效,醍醐灌顶,得到贯通古今深刻开示,于是他用刻刀在甲骨上铭刻下卦象符号和开示。

第二章
乾卦 —— 天道刚健

乾卦象辞是:"**天行健,君子以自强不息。**"《系辞下》曰:"象也者,像此者也。"天道(自然规律)刚健,健行周流,永无止息,永不衰竭,谁也不能阻挡,君子应效法天道,立身、做事,自立自强,自己努力向上,不停地奋斗下去,永不懈怠。

何谓君子?为什么对君子要提出耳提面命式的忠告?《古代汉语字典》解释为:"君是会意字,由尹和口上下组合而成。尹表示掌握权力者,口表示发号施令。君的本义指帝王和诸侯,与'臣'相对。"在《辞海》中,君子指:"①古代指统治阶级。②指人格高尚的人。"君子是《易经》关键词之一。六十四卦学习与警示对象主要是君子。就是说,在古代《易经》是提供给君子这样的大人物学习的读物,一般人由于经历和工作实践接触面有限,对事物的认识高度有限,学习这门学问是有一定难度的。现在世界上有许多人,整天陷入痛苦的深渊难以自拔,原因不在于物质贫穷,关键是不懂得《易经》讲的那些理,也不愿意躬身实践那些理。

格物致知,穷理尽性,加强品德操守的修养,有什么样的途径?又有多少人愿意走这条修炼之路呢?

令人值得欣慰的是,《易经》是一座桥梁,是一座通达物象与人心的桥梁,它透过现象揭示本质,通过对规律的把握,指引人们善于用敏锐的眼光和哲学的头脑去观察事物、分析形势、发现问题、解决问题。

掌握哲学思维,自己时常做做轻松的心灵体操,思想活跃,心态平和,身心健康而轻松,一天开开心心,有活力,奋发向上,什么事情都会和谐顺畅。这有什么不好的呢?

要讲明白《易经》,必须讲讲商纣王。

在历史文献或传说中,商纣王是一个遗臭万年的主儿。如果从《易经》原理来看,他倒是一个爱恨鲜明,凡事都把握不好度的人物。

商纣王帝辛，子姓，本名受德，帝号辛王，后世称商纣王，是商朝最后的一个君主，是殷商王朝的终结者。

殷商王朝曾经多次迁都，传至帝乙时殷商王朝的帝都本叫沫邑（今河南省北部的卫辉市淇县），后来改沫邑为朝歌，当时的朝歌按现在行政建制算是一个镇。

商纣王的父亲帝乙，本应该立长子微子启继帝位，但微子启的母亲地位低贱；小儿子辛的母亲是正王后，因而废长立幼，立小儿子辛为继承人。帝辛自幼聪敏过人。《荀子·非相篇》说帝辛"长巨姣美，天下之杰也；筋力超劲，百人之敌也"。《史记·殷本纪》也说"纣资辨捷疾，闻见甚敏，材力过人，手格猛兽"。帝辛是一个智勇双全，勇武有力的主儿。帝乙驾崩后，辛继帝位。后来，人们都管他叫"纣"，因为谥法上"纣"表示残义损善。

起初，商纣王也是励精图治的君王。他重视农桑业发展，也善于征伐邻国，一度很强盛。他打退了东夷，向中原扩张，把商朝势力扩展到江淮一带。特别是胜利讨伐徐夷，把国土扩大到山东、安徽、江苏、浙江、福建沿海地带。他把中原先进的生产技术和文化向东南传播，推动了社会进步和经济发展，促进了民族融合。郭沫若在一首诗里说："但缘东夷已克服，殷人南下集江湖，南方因之渐开化，国焉有宋荆与舒。"

商纣王还有一个优点，敢于革除先王旧弊，不再屠杀奴隶和俘虏，而是让他们参加生产劳动，补充兵源，参军作战；他蔑视陈规陋俗，不祭祀鬼神；他选贤任能，唯才是用，不论地位高低。这对推动当时的社会进步起到了很大的作用。

既然是一个励精图治的君王，为什么却又臭名昭著呢？问题出在修养上：

第一个原因是欲望过度膨胀，荒淫无度。连年征战，使兵力不足，国库空虚。商纣王在位后期，居功自傲，建鹿台，造酒池，悬肉为林，

第二章
乾卦 —— 天道刚健

过着奢华的生活。

第二个原因是刚愎自用,听不进正确意见。先后杀比干,囚箕子,失去人心。

第三个原因是出在领导干部对身边人员的管理上。择后选妃,不分出身贵贱,立奴隶之女妲己为后。选择妲己不一定错,过分宠幸妲己、放纵妲己,任其胡作非为,才成了历史上的朝代悲歌。

第四个原因是在讨伐东夷之时,没有注意对西方少数民族的防范,加上对俘获的大批俘虏又消化不了,造成负担。

其间,商纣王还做出一个不得人心的决定,那就是将当时的西伯侯姬昌发配到羑里。

在深重的压迫下,西伯侯姬昌在甲骨上镌刻下石破天惊的呐喊,喊出了一个壮志男儿的雄心抱负,喊出了建立西周王朝的精神动力,更开创了中华文明乃至世界文明的源流!

在这人类文明壮举的美妙时刻,不巧的是,监视他的看守发现了他的行为,并认为他是疯疯癫癫在占卜搞封建迷信呢!后来传来传去,就将他开示的道理传成了卜筮之学。

如果人人都发现西伯侯姬昌以风险警示录的形式在书写建设一个新王朝的政治宣言或教化天下的伦理规范,在那种环境下他还能保住脖子上的脑袋吗?

远古一把汗,捏在手里到如今!

商纣王"非常关心"西伯侯姬昌,时刻过问姬昌的状况。

监视的人不断打小报告:"姬昌疯啦!"

大臣们也不断报告:"姬昌在算卦呐!"

还有更多的人不停报告:"姬昌在装神弄鬼呐!"

……

一句话,姬昌精神不正常,很不正常!

商纣王喜欢各种各样的小报告。

欣喜不已！

商纣王相信了小报告，后来经过漫长的七年，才释放了西伯侯姬昌！

《史记·殷本纪》记载商纣王更加淫乐残暴：

"大冣（zuì）乐戏于沙丘，（纣）以酒为池，县（悬）肉为林，使男女裸相逐其间，为长夜之饮。"

商纣施行暴政，加上酗酒纵欲，最终商代灭亡。

第二节

自强不息,靠谁不如靠自己

> 自强不息:关键在于秉持天道刚健的"元,亨,利,贞"四种特质。
>
> 前面讲殷商的片段历史,告诉您《易经》是在什么样的历史环境下产生的。如果不知道发奋努力开创基业,永远都会在那黑暗中沉沦。

现在,我们来看看开天辟地第一卦的乾卦,西伯侯姬昌之所以铭刻下乾卦象辞"天行健,君子以自强不息",乾卦卦辞"乾:元,亨,利,贞",是因为他发现"天"因为具备四种特性或特质而有了神秘无穷的力量。

这四种特性或特质也可以说是"四种美德",具体是:

元。《说文》中解释元:"元,始也。"《古代汉语字典》说:"元是会意字,甲骨文和金文中的元字在'人'的头上加上指明头的部位的二或一,本义为人头。引申为首位、首次、开始。"《吕氏春秋·应同》中写道:"芒芒昧昧,因天之威,与元同气。"乾具有元气、真气,赋有原始、创生事物的特性与功能。朱熹在《周易本义》中说："元者，生物之始，天地之德莫先于此，故于时为春，于人则为仁，而众善之长也。"

亨。《古代汉语字典》说道："亨、享在金文是同一个字，字形像盛食物的器皿。篆文分为两个字，亨的本义读作xiǎng，是进献的意思，后此义也写作享，后来享从表示进献的亨中分化出来，专门表示享受。"引申义为通达顺利。朱熹在《周易本义》中说："亨者，生物之通，物至于此，莫不嘉美，故于时为夏，于人则为礼，而众美之会也。"

利。《说文》解释为："利銛也。"会意。从刀，从禾。表示以刀断禾、收获谷物的意思。本义：刀剑锋利，刀口快。引申义：收获谷物、得到好处。《古代汉语字典》中说："利是会意字，由禾与刀两部分组成，刀是类似耒（读作lěi）的农具。在甲骨文和金文中，刀旁有数点表示犁出地土块，所以利是犁的初文，表示犁地、耕地。"有利于创生、生长之义。朱熹在《周易本义》中解释："利者，生物之遂，物各得宜，不相妨害，故于时为秋，于人则为义，而得其分之和。"

贞。在蒙昧的原始社会，人们一般采取占卜的手段判断吉凶祸福。《古代汉语字典》注释为："贞在甲骨文中，似鼎形，以鼎假借为贞。在金文中加上卜，将卜问的含义加以强调，鼎兼表声，这个字于是成为会意兼形声字。在小篆中，鼎讹写作贝。贞的本义指卜问、占卜。"《说文》中说："贞，卜问也。"社会历史进化到西周时期，"贞"已经演化成重要的社会伦理观念，有端方正直之意，一般指正、纯正、坚定、有操守等，已经不局限于"卜问"之说，在多部文献中有所体现，有据可考。如《周礼·大祝》中说："求永贞。"《礼记·文王世子》曰："万国以贞。"《书·太甲下》曰："一人元良，万邦以贞。"《周礼·春官·天府》曰："季冬，陈玉，以贞来岁之恶。（郑玄注：问事之正曰贞。）"《周易本义》中注："贞者，生物之成，实理具备，随有各足，故于时为冬，于人则为智，而为众事之干。干，木之身，而枝叶所依以立者也。"在封建制度中，还特指妇女忠诚于自己的丈夫，从一而终，不得改嫁，以保护和维持种族的纯洁性、延续性，这一思想在坤卦、渐卦、归妹卦等多卦中有所阐述。对"贞"字的解释与理解，是人们推断《易经》是占卜之学还是哲学与社会伦理学的分水岭。

乾为天，上卦下卦都是天。乾卦象征天，纯阳刚健，其性刚强，其行劲健。气由下向上升，积于天空；万物由地面冒出向上生长，生生不息。这是天（自然）的基本物象。其特性和功效是，以阳气始生万物，而得元始、亨通、和谐、有利、贞正、坚固。天有纯阳之性，自然能以阳气始生万物而得元始亨通，能使物性和谐，各有其利，又能使物坚固贞正得终。乾卦是天神秘力量的展现，阐释生发创造的自然之道。从自然之天出发，古圣先贤从"天人合一"的角度，以自然之天的特性加强君子自身的修养。

天（自然）本身的特征是孕育万物，万物依据自身习性有规律生长，这种规律性是由大自然内在特质决定的，君子观瞻天象，体悟到应像天那样增益四种美德。《文言》对此进行了深刻阐述。《文言》曰：元者，善之长也；亨者，嘉之会也；利者，义之和也；贞者，事之干也。君子体仁，足以长人；嘉会，足以合礼；利物，足以和义；贞固，足以干事。君子行此四德者，故曰"乾：元，亨，利，贞。"意思是：元始，是众善的尊长；亨通，是美好的会合；有利，是事义的和谐；贞固，是办事的根本。君子用仁心作为本体，可以当人们的尊长；寻求美好的会合，就符合"礼"；施利于他物，就符合"义"；坚持贞固的节操，就可以办好事务。君子是施行这四种美德的人，所以说："乾卦象征天：元始，亨通，和谐有利，贞正坚固。"

《周易正义》曰："《子夏传》云：'元，始也。亨，通也。利，和也。贞，正也。'此言卦之德，有纯阳之性，自然能以阳气始生万物，而得原始、亨通，使物性和谐各得其利，又能使物坚固贞正得终。"《子夏传》

"四德说"较为通行。天的自然之德使万物各成性命各得其所，君子效仿天的四种特性增益自身的美德，当然会在衍物干事各个方面使物得其所，事尽其宜，顺利亨通。

乾是一切生发创造的基础。道家弘扬的"道法自然"由此而来。

黄寿祺、张善文著当代学习研究易经的权威读本《周易译注》对此说明——西伯侯姬昌通过对大自然的直感观察，认为"天"体现着原始、亨通、和谐有利、贞正坚固的四种德行；之所以如此，在于"天"的本质元素是沛然刚健的阳气，这种阳气"运行不息，变化无穷"，沿着春、夏、秋、冬四季而循环往复，制约、主宰着大自然（《周易尚氏学》据《太玄经》说，以"四季"配《乾》卦"四德"极见阳气运行规律。详见《象传》说明）。《周易》赞美"天"，实事上是赞美阳刚之德。

第二章
乾卦——天道刚健

第三节
放眼宇宙,顺其自然乃天道

"道"在《易经》和《道德经》中都是重要的哲学概念。

学习《易经》,绕不过去象辞,六十四卦,每一卦都有象辞,什么是象辞?象辞有何用?孔颖达《周易正义》引褚氏、庄氏曰:"象,断也。断定一卦之义,所以名为'象'也。"这种断定是根据卦象进行的,所以《系辞上》中说:"象者,言乎象者也。"

所谓象辞,就是通过对卦象深入细致入微地观察,经过分析判断,对自然物象所能揭示的关于发展变化的某些或某个规律进行掌握和运用,揭示运用规律有什么作用。每一卦的裁断精髓何义何用的"总括之辞",即"小结"性的言辞称之为象辞,它着眼于物象,阐释物象所揭示规律的功能和作用,有判断、决断的色彩。这也是为什么有人宣扬八卦有占断功能并对其加以神秘化的原因。象辞是对规律性、趋势性的必然和可能进行阐释,从概率角度可以揭示必然趋势和结果,对普遍性问题给以一定的结论或建议与忠告,但不会对所有缤纷多样的个性化问题给出具体的答案。象辞着眼于物象,阐释物象的功能和作用,然后引入人们的社会工作实践或生活实践中。

乾卦象辞是"大哉乾元,万物资始,乃统天。云行雨施,品物流形。大明终始,六位时成,时乘六龙以御天。乾道变化,各正性命,保合太和,乃利贞。首出庶物,万国咸宁"。

乾卦的象辞对天所代表的大自然的神奇功能是这样描述的——伟大啊,开创万物的阳气啊!春天万物依靠它开始产生,它统领着大自然。夏天云朵飘行、雨露滋润,各类事物流布成形。光辉灿烂的太阳千万年来永恒照耀,立足大地上下左右前后的六位时空中,万物遵循着"六龙"所代表的事物孕育、萌生、盛长、衰败的规律生生不息。大自然遵循一定的规律发展变化着(乾道变化),万物依从自身的生长规律而生长,保全太和元气,以利于守持正固的操守,养护住根,滋生繁衍后代的种子,繁衍生息,维护好生物链和谐平衡,这才是宇宙间最大的和谐。万物因阳气的创生之德而始生,九州万国都和美顺昌。

象辞中,有两个重要哲学概念需要说明,一个是"道",一个是"太和"。

"道"在《易经》和《道德经》中都是重要的哲学概念,在第一章《易经》洞开乾坤之门中,我们进行了解释:道的本意指道路;引申为代表抽象的法则、规律,以及实际的规矩,也可以说是学理上或理论上不可变易的原则性的道;进一步上升为形而上的道,所谓天道,乃指自然规律。"道"在《易经》中是基本的哲学范畴,与"德"对立统一,二者构成《易经》的理论基石,也是八八六十四卦探讨的核心问题。其精髓在于,从客观规律出发,探讨加强道德修养的原则、态度、方法、途径等问题。这是本书研究探讨阐释的核心与主要内容,意义在于为人们认识世界、改造世界提供科学的世界观,避免在社会实践、日常生活等诸领域发生失误。

您日常所作所为,上升到这个境界了么?

第二章
乾卦 —— 天道刚健

"太和"亦作"大和"。从中华文明发展史来看,乾卦"保合太和,乃利贞"之句中首次出现"太和",《周易本义》解释为"太和,阴阳会合冲和之气也"。《文选》作"太龢（hé）指编管吹奏乐器,是后来小笙的前身。在《卜辞》中有所记载"。唐代元稹的《竞渡》诗："数极斗心息,大和蒸混元。"系指万事万物符合自然规律的和谐。在社会文明演进中,作为重要的哲学概念又丰富了"平和的心理状态""太平"等重要的人文内涵。唐代陆贽的《贞元九年冬至大礼大赦制》中有："思与海内同臻大和。"宋代宋祁的《宋景文公笔记·考古》中说："天下太和,兵革不兴。"

为加深理解彖辞,下面对彖辞中的关键词,进行补充训诂。

何谓"乾元"？乾元有什么样的功能？《尚氏学》中说："乾元者,乾之元气也,于时配春。"黄寿祺、张善文的《周易译注》中写道："'天'的元始之德,即充沛宇宙间、开创万物的阳气。以季节为喻,犹如春天景象。"乾元对世间万物具有神奇的创生功能。

何谓"品物流形"？品,《说文》解释为："众庶也。""品物"即各类事物；"流形",流布成形。这是指万物因雨水的滋润而不断变化发展、壮大成形。此尤言夏天的景象。《周易正义》中说："言《乾》能用'天'之德,使云气流行,雨泽施布,故品类之物流布成形,各得亨通,无所壅蔽：是其亨也。"

何谓"大明"？唐代李鼎祚撰《周易集解》引侯果曰："大明,日也。"即太阳。

"庶物"指众多事物。

经过长时间观察与积累,古人观察到天有伟大的始生之德,万物因为有了它才赖以开始,因此说万物属于天。具体体现在,云气流行,雨水布施,受雨水滋育,万物周流而各自成形。古人还观察到日是宇宙中最大的光明物体,将日称为"大明"。古人对时间概念的确定与地理方位的确定是从观察太阳运行得来的。古人认为日出地面为始，日落入地面为终。"大明终始"系指日出日落。在晋、明夷两卦象传中即有验证。《晋·象传》曰："明出地上，晋。"《明夷·象传》曰："明入地中，明夷。"日运行于天空，宇宙中充满无限光明。

天在上，地在下，日东升西落，向日为南，背日为北，于是确定了上下东南西北六个方位，就是说地理方位是依据时间概念的形成而确立的。在宇宙时空中，乾卦所体现的天道，是按照一定的客观规律而运行的自然之道。天道规律具有变与不变的双重特性。

变，体现有雨雪冰霜雾霭雷电阴晴冷暖等种种物象变化，透过这些变化着的现象，古人观察到春夏秋冬四季年复一年更迭轮回。四季有规律性地往复运行为万物的生长繁衍提供了环境和条件，因此，万物适应自然变化的天道得以"各正性命"——天所赋为命，物所受为性（即本性），万物由此而具有各自的禀赋，成就各自的品性，各有相应的属性和性命，为人类生存繁衍提供了必要的生活物资，因而，万国都得到安宁。

天道刚健主创造，万物资始乃统天；

云行雨施物流形，首出庶物万国安。

我们每个人对天都应该心怀感恩！

正本清源，循序渐进，工作、生活所涉及的六十四种情境将逐一展示，展现《易经》各卦的真本面貌。

第四节
生命成长有其规律，注意人生的六个阶段

> 乾卦六爻之奥妙：易学启蒙之师曾仕强先生说有"六条龙"靠谱吗？我认为是用龙成长的六个阶段比喻事物成长发展的六个阶段。遵循发展变化之道，就会进入"始则潜伏，终则飞跃，可潜则潜，可飞则飞"的必然王国。

一、时乘六龙：人生成长或事业发展的六个阶段

朱熹在《朱子语类》中说："非是说天运不息，自家去赶逐，也要学他如此不息。只是常存得此心，则天理常行，而周流不息矣。""一日一时，顷刻之间，其运未尝息也。"这是乾卦核心启示。这是在乾天具有阳刚之德和"元，亨，利，贞"之性基础上获得的人生启示，就是将自然规律运用于人事：实现自身成长发展，养育家庭繁衍种族，管理社会成就事业，教化天下文明共进。

实现以上使命，需要阳光、活力、刚健、奋发、向上、进取的优秀品质。

谁能做到这样呢？

当然是天上行云布雨的龙（比喻）。

"龙，鳞虫之长。能幽能明，能细能巨，能短能长，春分而登天，秋分而潜渊。"(《说文》)天空是龙的舞台。天空，因龙而富有神秘色彩。传说中，龙可以钻天入地，兴风作雨，具有无穷的神秘力量。中华民族的图腾有龙，龙就是中华民族的化身。龙诞生于大地之中水沼之内，成长于大地之上，翱翔于九霄，其生命过程可分为六个阶段（注意，指巨龙腾飞的六个阶段，绝对不是六条龙）。乾卦以龙潜藏、成长、飞腾等六个阶段，用比喻的修辞方法，比喻人生成长或事业发展的六个阶段（见图2-1）。

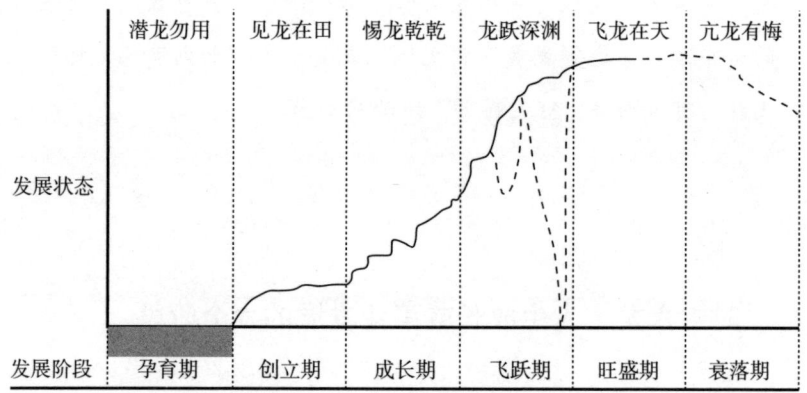

图2-1 生命成长趋势模态图

龙有阳刚劲健的精神，作为中华儿女，这种精神也应该有。

否则，家何以立？业何以兴？世界民族之林何以屹立？

一定要明白，"时乘六龙"是比喻，关键是通过比喻应该明白以下道理，根据自己的人生经验积累和灵性获得启示，把握好自己的人生和事业。

对规律有把握，心怀淡定，方向不跑偏，做事有定力！

二、乾卦六爻如何解读

在讲解乾卦"六爻"之前，对什么是"爻"有必要科普一下，进行情景导入，否则大家会觉得太突兀。大部分人对《易经》感兴趣，但深入不进去，是因为历史上的大部分读本没有简易、明晰、轻松、活泼的导读，就像没有导游进旅游景区一样，丈二和尚摸不着头脑，茫然不知所措。对易学的基本常识进行科普是有必要的，能够解决情景融入的问题。

何谓爻？在前文已经做过说明，在真正开始参悟乾卦六爻之前，您可以重新温习一下，以便能够迅速进入乾卦六爻的情境中。

龙是古代神话中神奇刚健的动物。乾卦六爻以龙成长状态采取比喻与象征的修辞方法，揭示和展现事物发展的规律和道理。

下面，我们来看看**乾卦六爻**是怎么说的：

初九：潜龙勿用。

象曰：潜龙勿用，阳在下也。

潜龙，指潜隐在水中的龙。龙刚刚诞生，尚潜在水中养精蓄锐，阳气不能散发出来，本事尚不能发挥。比喻人隐居不出，静处而不妄动。处于初九爻之际，发挥作用的时机与条件尚不成熟，事物发端，位卑力弱，只能"潜龙勿用"，必须进一步加强修炼，蓄养精锐，为将来发展时机来临做好充足的基础准备。这就好比孩子们在学校里面学习，尚需学习和积累知识、增长本领，还不能参加工作到社会上发挥作用。《周易集解》引沈骥士曰："称龙者，假象也。天地之气有升降，君子之道有行藏，龙之为物，能飞能潜，故借龙比喻君子之德也。初九既尚潜伏，故言勿用。"

九二：见龙在田，利见大人。

象曰：见龙在田，德施普也。

见，同现，展现。见龙为展现头角与身手的龙。所谓大人，一指有道德有作为的人；一指有大才大德并居于高位的王侯、大夫等贵族。九二爻是个比喻，龙出现在田间，刚刚崭露头角，能够有所作为尚不能施行"云行雨施"那样的大作为，需要拜见英明睿智的大人物给以指导（利见大人），利于少走弯路，避免挫折，创造成就。以此为本体，比喻或者一个人，或者一个事物，或者一个产业，或者一个国家，处于初生或初创期（这个环节上的相关问题将在屯卦中讨论），准备不充分，经验不丰富，尚属于牛刀小试阶段，难以处理复杂变乱的局面，拜访、寻找英明睿智的大人物指引或领导前进，是英明正确的选择，有利无害。

人生或事业，如何保持良好的状态呢？九三爻为人们指点迷津：

九三：君子终日乾乾，夕惕若，厉无咎。

象曰：终日乾乾，反复道也。

乾乾是勤勉努力的样子。若是语气助词。本爻说的是，在成长阶段，处于飞跃的前期，君子白天勤勉不怠，晚上警惕反省，整天自强不息，不敢丝毫懈怠，反反复复按正道行事，即使遇到危险（厉，《广雅》："危也。"）也会逢凶化吉，不会有什么灾祸（咎）。

这是敬慎行事的基本要求，也是必然要求。

在《易经》中，"咎"是出现频率非常高的一个字，做任何事情，"无咎"是人们非常期望，也非常喜欢的状态。何谓"咎"？何谓无咎？《古代汉语字典》解释："咎在古文中是会意字，由人字和各字构成，表示人各不相同，彼此易发生矛盾冲突。咎的本义指灾殃、凶祸。"黄寿祺、张善文在《周易译注》中释诂得比较详尽——《尔雅·释诂》"病也"，《说文》"灾也，从人、各，'各'者相违也"，《广雅·释诂三》"恶也",《诗·小雅·伐木》"微我有咎",《毛传》"咎,过也",《诗·小雅·北山》"或惨惨畏咎",《郑笺》"咎,犹罪过也",又《广韵》"咎,衍也,过也"。据此诸说,《易》中"咎"字常含"灾病""罪过""咎害"之义。案,《系辞上》云,"无咎者,善补过也",即谓弥补过失、免遭咎害。此爻处《乾》卦上下卦之际,其时多危,故须"朝乾夕惕",修省不懈,才可"无咎"。《周易集解》引干宝曰:"君子以之忧思深远,朝夕匪懈,仰忧嘉会之不序,俯惧义和之不逮,反复天道,谋始反终,故曰'终日乾乾'。"又曰:"凡'无咎'者,忧中之喜,善补过者也。"

在现代社会中,相当一部分年轻人有一种怀才不遇的感慨,对眼下自己手中正在做的工作,有的漠然视之,有的破罐子破摔,有的悍然抵触,不懂得技术和能力是在经久磨砺中增益出来的,结果荒废了青春。

遇到下岗分流或被淘汰出局,如果不知道反思自身存在的不足,恐怕还得抱怨和咒骂单位或领导呢,甚至造成身心伤害。

找内因,遇事反求诸己,才是高明的!

这是自强不息的内在核动力。

不怨天,不尤人,才是真正的达观情怀。

拥有良好的敬业精神和态度才不会受到祸害。此之为"惕龙乾乾免祸害"。

人生或事业不可能永远停留在一种状态上。机遇出现的时机,有的早,有的晚,机遇稍纵即逝,如何才能抓住机遇呢?九四爻辞是这样说的:

九四:或跃在渊,进无咎。

象曰:或跃在渊,进无咎也。

九四爻意思是龙或者腾跃上进,或者退处到深渊(渊)之中,前进不会遭遇灾祸。

人性善恶之争，争执了几千年。

明朝人王阳明的"知行合一"理论阐释了人人心中都有"良知"：

无善无恶心之体，

有善有恶意之动，

知善知恶是良知，

为善去恶是格物。

我从自然界中万物趋向阳光的本性获得启示，人作为生命体，要生存，要发展，其基本本性与植物是一致的。都具有"利己排他性"的本性，这既是生存的利器，也是顽劣的根性。如果没有了这种本性，国家之间、民族之间、集团之间就不会有尖锐的矛盾和军事冲突，也谈不上阶级、民族内部的团结。

探寻世间的苦难、矛盾、冲突的根由，总是无可回避地深入"利己排他性"这个基点上。

《国富论》的作者亚当·斯密认为，人的本性就是自私的，利己是个人从事经济活动的动力，即人是经济人。人一方面努力占有更多的利益；另一方面，自私自利也推动了社会的进步。在与人打交道过程中，对待任何问题，要善于从这个基点的正反两方面去看。

离开这个基点，就可能钻进道德的真空里，成为被人嘲笑的痴呆子！

人的灾殃、凶祸多来自人的内心，更准确地说是过度的贪欲。贪欲扩张就必然陷入痛苦的深渊，而减损自己应得的利益，您可能会得到更广泛的支持帮助。

咎，是《易经》的关键字，将在许多卦的卦辞、象辞、爻辞中出现，根据此注解，后文将依据语境具体诠释，不再注释。

对人来说，也存在大致相同的情形，机遇来临，该前进就要前进，该显身手就要显身手。在适宜的环境中，当然会有利于发挥作用有所作为。此所谓"龙跃深渊度机变"。

机会抓住了，一显身手，多么惬意呀！九五爻所展现的境界，对有理想、有抱负的人来说，是可遇不可求的。

九五：飞龙在天，利见大人。
象曰：飞龙在天，大人造也。

龙飞舞在天空上，在广阔的舞台上行云布雨，发挥巨大的作用，有了雨水滋润，万物欣欣向荣，蓬勃茂盛。龙为万物成长做出巨大贡献，盛德普惠天下。有所作为的领域利于出现德高势隆的大人物，德高势隆的大人物一定会有所作为，为人民做出巨大的贡献。

要注意，"见龙在田""或跃在渊""飞龙在天"修辞方法为排比，展示了龙所在的不同方位、情态和阶段。

凡事，总有个度。在度的范围内，为人，干事，创业，顺风顺水；超越度的范畴，还能够持续下去吗？上九爻辞的回答是否定的：

上九：亢龙有悔。
象曰：亢龙有悔，盈不可久也。

亢，过甚，极度。悔：悔恨。龙亢奋至极，飞得过高，失去发挥作用的舞台，体能不济，向衰败发展，就会发生悔吝的事情，这是应该警惕出现的局面。做人、做事，得势不可亢进妄为，否则就会有让人悔吝的事情发生！

亢龙为什么有悔？《周易本义》分析其原因是："知进而不知退，知存而不知亡，知得而不知丧。"不给自己留有余地和空间，就会走进死胡同，最终出现群龙也无首的现象。《朱子语类》说："当极盛之时，便须虑其亢，如这般处，最是。《易》之大义，大抵于盛满时致戒。"

用九：见群龙无首，吉。

象曰：用九天德，不可为首也。

见，通现。首，乃首领。用九爻辞说的是，群龙出现于天空，"各秉刚健之天德"（高亨释），谦而不愿意以首领自居。"此乃比喻诸侯并立，各秉天德，德齐力均，不可能有帝王为之首领。"（高亨释）出现这种现象，是很吉利的。是什么原因导致的这种现象呢？《尚氏学》指出："'见群龙无首，吉'者，申遇'九'则变之义也。九何以必变？阳之数九为极多，故曰'群'。阳极反阴，乃天地自然之理。乾为首，以阳刚居物首，易遭物忌；变坤则无首，无首则能以柔济刚，故吉。"

龙的发展变化合于自然万物成长的阶段性特征，适应事物发展变化阶段性特征，人的成长或事物发展进程也不例外地具有鲜明的阶段性：**潜龙勿用**蓄精锐——孩童（物创）初生，开蒙发智；**见龙在田**试手段——崭露头角，显示才华，发挥作用；**惕龙乾乾**免祸害——自强不息，快速成长；**龙跃深渊**度机变——审时度势，应机飞跃；**飞龙在天**盛德普——当位有为，盛德普惠；**亢龙有悔**极必反——亢奋至极，物极必反。可见，乾卦对事物发展的阶段性及其内在蕴含的深刻道理进行了深刻揭示。

需要说明的是，乾卦和坤卦"用九"之前的古经文字与其他六十四卦的经文，为截至周公时代经伏羲、西伯侯姬昌、周公薪火相传集体创作的经文，在原始的古经文本中所给出的开示，基本是朴素的风险警示和道德修身的忠告，及至孔子，其最伟大的贡献是演义升华附会更多的人文思考，其关于变易哲学的系统思维是不可否定的伟大贡献，同时出现了"一阴一阳之谓道"、"大衍之数"、"揲"、卜筮等带有占卜色彩的说法，及至朱熹《周易本义》又讲授卜筮的方法，使这门学问变得扑朔迷离起来。这需要您在学习中注意甄别，吸纳合理的精华，摒弃糟粕，才能学到这门学问中有价值的内容。

三、孔子的《文言传》如何解读乾卦

上升到君子修养品德操守的高度应该如何解读呢？我们看看，孔子是怎么说的：

初九曰"潜龙勿用"，何谓也？子曰："龙，德而隐者也。不易乎世，不成乎名，遁世无闷，不见是而无闷。乐则行之，忧则违之，确乎其不可拔，潜龙也。"

什么是"潜龙勿用"？（龙潜伏在水中或地下，谓之潜龙，暂时不施展才用。）孔子说（高亨等学者认为是伪托）："潜龙"可以用来比喻有才德而隐居的君子，隐居（遁，《楚辞·离骚》王弼注：'遁，隐也。'）在社会下层，品德操守坚贞不移，不为世人的舆论或压力而改变自己，他们不求成名，甘心隐居，回避世俗，言行不为世人赞同也没有烦闷（遁世无闷），对所乐之事则行，对所忧虑的事情则躲避，坚定不可动摇（拔）的意志。这就是"潜龙"啊！

九二曰"见龙在田，利见大人"，何谓也？子曰："龙德而正中者也。庸言之信，庸行之谨，闲邪存其诚，善世而不伐，德博而化。《易》曰：'见龙在田，利见大人'，君德也。"

龙出现在田野（尚未飞龙在天云行雨施，虽发挥一定作用尚未有大的作为，处于飞跃前期的成长阶段），此时，宜拜见有德行的大人指点，修养龙德以将来造福民众，也易于产生大人物。孔子说："龙德在于行中正之道，无偏无妄，无过无不及，正言正行，唯诚唯谨，他的日常（李鼎祚：'庸，常也。'）行为谨慎有节，防止（闲，门闩，意防范）邪恶的言行而保持诚挚、美好的行为。施善于世，谦不自夸（伐）。君德博大，广化众人。龙之德，乃君之德。按龙的品德操守加强修养，有利于出现德高势隆的大人物。"这说明将出现君主品德的大人。

九三曰"君子终日乾乾，夕惕若，厉无咎"，何谓也？子曰："君子进德修业。忠信所以进德也。修辞立其诚，所以居业也。知至至之，可与言几也。知终终之，可与存义也。是故居上位而不骄，在下位而不忧，故乾乾因其时而惕，虽危无咎矣。"

九三爻辞说："君子整天健强振作，直到夜间还时时警惕慎行，达到这种状态，即使面临危险，也免遭咎害"，讲的什么意思呢？孔子指出"君子要加强道德修养，奠定成就事业的根基。忠诚信实，加强道德修养；修习辞令，表达诚意，就可以积蓄功业。知道进取的目标而努力实现它，这种人可以跟他商讨事物发展的征兆；知道事物终止的时刻而及时终止，这种人可以跟他共同保全事物发展的适宜状态。像这样就能居上位不骄不躁，处下位无忧无患。所以因时势、时运、时机的发展变化保持警惕勤勉努力，虽遇危险之境，也没有灾祸"。

值"终日乾乾"之际，有四个要点需要把握。

一要讲"忠信"而"进德"——《周易正义》："推忠于人，以信待物，人则亲而尊之，其德日进，是进德也。"

二要"修辞立其诚"——《折中》引程子曰："修辞立其诚，不可不仔细理会，言能修省言辞，便是要立诚，若只是修饰言辞为心，只是为伪也。修辞立其诚，正为立己之诚意。"

三要"知几"而"存义"——《说文》中说："几，微也。"《系辞下》中说："几者，动之微，吉凶之先见者也。"《周易正义》曰："知时节将至，知理欲到，可与共营几也。"事物的发展都是由微小的端倪一步步发展到巨大，有客观规律性。君子敏而有预见力，能够见微识著，预见事物发展的进程与状态，知晓或预见到结果，从而努力而为。判断无误，行有恒常。这样明达的人，可以谈论"几微"，可以存事业正义。

四要惕而"不骄""不忧"——《周易正义》曰："以其'知终'，故不敢怀骄慢。""以其知事将至，务几欲进，故不可忧也。"

九四曰"或跃在渊，无咎"，何谓也？子曰："上下无常，非为邪也。进退无恒，非离群也。君子进德修业，欲及时也，故无咎。"

九四爻辞说："或腾跃上进，或退处在渊，必无咎害"，是什么意思呢？孔子指出："这是比喻大人的上升、下降是不一定的，并非出于邪念；他的进取、引退也是不一定的，处在下位，并不是行为不端正。或者前进或者退后，并不是不合群。这是由龙的秉性所致。所以，君子效仿龙道增进道德精修事业，对升降无常与变化无常要有充分的思想准备与风险意识，及时而动，因此，没有灾祸。"其根本原因在于因应、适应时势与时机而为。《周易正义》提示人们注意："上而欲。"

九五曰"飞龙在天，利见大人"，何谓也？子曰："同声相应，同气相求。水流湿，火就燥，云从龙，风从虎，圣人作而万物睹。本乎天者亲上，本乎地者亲下，则各从其类也。"

"飞龙在天，利出现大人"，是什么原因呢？孔子说："同声相呼应，相同脾气秉性相互逐求。水流湿润，火性干燥，云从龙而行，风从虎而生，圣人施展作为，则万民观瞻而亲附崇拜。"风云轻扬，其根本在天空上，自然亲近依附于天空，从社会层面看，相类比基础在社会上层的，自然亲近依附于上层；水流倾向于潮湿的沼泽，自然亲近地势低洼的湿地，从社会层面看，相类比基础在社会下层的，自然亲近依附于基层。这适从于物以类聚的基本法则。《尚氏学》曰："天地者，阴阳。本乎天者亲上，谓阳性上升顺行"，"本乎地者亲下，谓阴性下降逆行"。

可谓是,"本乎天者亲上,本乎地者亲下,则各从其类也。"

上九曰"亢龙有悔",何谓也?子曰:"贵而无位,高而无民,贤人在下位而无辅,是以动而有悔也。""潜龙勿用",下也。"见龙在田",时舍也。"终日乾乾",行事也。

"亢龙有悔",是什么原因呢?孔子说:"(类比社会管理阶层)高高在上的太上皇,虽然高贵,但没有君王掌有实权之位,虽然高高在上,但没有民众追随亲附,而德才兼备的贤人又居于社会的下层,相距甚远,又不能辅佐他,所以他得不到有力的支持,举动无措就会发生悔吝。"

潜龙勿用,下也;见龙在田,时舍也;终日乾乾,行事也;或跃在渊,自试也;飞龙在天,上治也;亢龙有悔,穷之灾也;乾元用九,天下治也。

"潜龙勿用",用龙潜藏在水底或地下比喻君子身处下位,还没有得到充分施展才干的舞台;"见龙在田",用龙出现在田野里比喻君子初到民间或基层,只是刚刚发挥作用,说明时势开始舒展(时舍);"终日乾乾",用龙的奋发振作比喻君子行事勤勉;"或跃在渊",用龙的进退比喻君子顺应时势自我检验与选择,要么开拓进取有所作为,要么隐退而藏遁世无闷;"飞龙在天",用龙的云行雨施比喻君子登上天子之位治国临民造福天下;"亢龙有悔",用亢进必衰的龙比喻高高在上的太上皇脱离臣民、脱离基层,罹临穷困之灾。乾元"用九",九为变数之极,用顺应形势变化之策诸侯分治,各秉天元善德,可以实现天下大治。

"乾元用九,天下治也",这是怎么回事呢?历史上两个文化名人的注释可能有利于启发我们的思想认识:

一看王弼的注释:"九,天之德也。能用天德,乃见群龙之义焉。

第二章
乾卦——天道刚健

夫以刚健而居人之首,则物之所不与也;以柔顺而为不正,则佞邪之道也。故乾吉在无首,坤利在永贞。九,阳也。阳,刚直之物也。夫能全用刚直,放远善柔,非天下至理未之能也。故乾元用九则天下治也。夫识物之动,则其所以然之理皆可知也,龙之为德不为妄者也。九,刚直之物。唯乾体能用之,用纯刚以观天,天则可见矣。"

二看欧阳修对"用九"的理解:"用九:见群龙无首吉"者,何谓也?首,先也、主也。阳极则变而之他。故曰:"无首也"。凡物极而不变则弊,变则通,故曰:"吉也"。物无不变,变无不通,此天理之自然也。故曰:"天德不可为首",又曰:"乃见天则也。……阴阳反复,天地之常理也。""阳过乎亢,则灾数至九,而必变。故曰:'见群龙无首,吉。'物极则反,数穷则变,天道之常也。故曰天德不可为首也,阴柔之动多入于邪,圣人因其变以戒之,故曰利永贞。"

"圣人于阳尽变通之道,于阴则有所戒焉。"申明物极必反之理。"用九"是"观""天"运行的规律,用九的法则必须是"群龙无首",即体现天道变化的法则,能像乾元那样刚健而不"为妄","与时偕行",天下即可得到大治。

潜龙勿用,阳气潜藏;见龙在田,天下文明;终日乾乾,与时偕行;或跃在渊,乾道乃革;飞龙在天,乃位乎天德;亢龙有悔,与时偕极;乾元用九,乃见天则。乾元者,始而亨者也;利贞者,性情也。乾始能以美利利天下,不言所利,大矣哉!大哉乾乎!刚健中正,纯粹精也。六爻发挥,旁通情也。时乘六龙,以御天也。云行雨施,天下平也。

其演进情形为:"潜龙勿用",阳气潜藏,尚未生发展现,孔颖达曰"经天纬地曰文,照临四方曰明。""见龙在田",说明君子开始有所作为,以其智慧和才干,经纬天地,管理庶务,天下昌明,风气好转;"终日乾乾",好比有了重要位置或开创了基业,无法回到原点,前途扑朔迷离，具有不确定性，必须机敏和警觉，才可能面对与处理随时可能出现的变数或败乱，要有与时俱进、奋斗不息的饱满精神，这是必须的，没有充足的精神动力，难以担大任、创大业；"或跃在渊"，比喻在前进道路上，可能面临天大的机遇，出现有所作为的平台，也可能遇到巨大的障碍，要么飞跃，要么退处，都是顺应变化之道做出的正常选择，关键在于看时，遵循自然变化之道，应时而变革；"飞龙在天"，比喻君子阳气旺盛，得到德位相配的舞台，能够施展才干，发挥天德，造福天下；"亢龙有悔"——龙高飞穷极将跌落下来，做人做事过度穷尽，必将败落，这符合盛极必衰的规律，任何事物的发展，必须对其发展趋势和结果要有基本的预判；乾元"用九"，君子要秉持乾所具有的"元、亨、利、贞"四德，能萌生万物，开创事业，核心与关键在于以变应变，有坚定的自信力，这种自信力源自于掌握发展变化的自然之道，按规律办事。天始生万物，原始亨通。和谐贞正是天的性情。天才能以美利利天下，不言所利。伟大啊！可以看出，天有元始创生之德而用（阳刚化为阴柔的）九数，其刚健中正的天德，《周易集解》引崔憬曰："不杂曰纯，不变曰粹，言乾是纯粹之精。"达到了纯粹精要的地步，这体现了大自然的法则。六爻爻义阐释发挥，触类旁通天道的种种情状。洁静精微，让人叹为观止。

龙或潜或现，或跃或飞，云行雨施，泽及万物。君子应该了解掌握龙的六种生存与变化阶段与状态所喻示的事物发展的趋势和阶段性特征及规律，抓住机遇，时刻用好现有的条件，处理好事物发展过程中出现的问题，统筹好国计民生，那么天下就会太平啦！

君子以成德为行，日可见之行也。"潜"之为言也，隐而未见，行而未成，是以君子弗用也。

《周易集解》引干宝曰："君子之行，动静可观，进退可度，动以成德，无所苟行也。"君子以养成自身的品德作为行为的目的，每天应该落实在身体力行的行动上。初九爻所讲的"潜"，指的是隐伏而不显露，自身修养尚未达到成熟的程度，所以君子暂时不能施展才用而有所作为。

君子学以聚之，问以辩之，宽以居之，仁以行之。《易》曰："见龙在田，利见大人。"君德也。

一味地潜忍，连个动静都没有，那怎么成呀！君子应该自强不息！需要靠什么途径实现自强不息呢？君子研学以积累知识，探问以辨明是非与道理，宽厚以存心志，仁德以行事精业，这是成就伟人伟业的基本途径。《易经》曰："见龙在田，利见大人。"——成就鸿基伟业，必须拜谒大人物，请其指点、帮助和支持，这样才能够在成就事业中把自己锤炼成伟大的人物。这是君子应该具备品德操守呀！

九三重刚而不中，上不在天，下不在田，故"乾乾"因其时而惕，虽危无咎矣。

九三爻"重刚而不中"，上不在天位，下不在地位，乃在人位，就像人上不在朝廷任职，下不在田野耕种，而是在小官之位谋差干事。君子官小职微，但因其时时勤勉警惕，虽处危险境地，也没有咎殃。

九四重刚而不中，上不在天，下不在田，中不在人，故或之。或之者，疑之也，故无咎。

这是"或跃在渊"的原因：用龙的生存状态，比喻君子上不在朝廷任职，下不在田野耕种，中不在小官之位干事，或者隐居，或者与世隔绝，无作为，与他人也没有交害，自然也就没有咎殃。

夫大人者，与天地合其德，与日月合其明，与四时合其序，与鬼神合其吉凶。先天而天弗违，后天而奉天时。天且弗违，而况于人乎？况于鬼神乎？

这是"飞龙在天，利见大人"的原因：所谓"大人"，能够参悟借鉴天地的美德涵养自身的德行，能够体悟日月普照万物的光明而造福人民，能够按春夏秋冬的时令变化把握做事的规律和节奏，明辨善恶是非与吉凶祸福。具有良好的判断力和预见力，在客观事实发生之前决策或行动而客观结果不会违背他的预见。面对客观形势与事件则要尊奉天时以行事。遵循自然天道而且不违背，何况对于民众呢，即使有鬼神又能怎么样呢？

"亢"之为言也，知进而不知退，知存而不知亡，知得而不知丧。其唯圣人乎？知进退存亡而不失其正者，其唯圣人乎！

所说的"亢龙有悔"是指，飞到天空极高处的龙被称为"亢龙"，类比人则指高高在上的统治者脱离群众脱离基层，这样的统治者骄傲自满，狂妄自大，知道前进而不知道该后退时后退，知道生存而不知道灭亡，知道得到而不知道丧失。这样的人只能算作愚人而不能称作圣人。知进退存亡而不失其正道者，才是圣人啊！

有的易学专家认为六龙是有"六条龙"，其实，从事物发展的规律性和哲学的角度看，这里是个比喻，是用龙成长的六个阶段比喻人生或事物成长发展的六个阶段或六种状态，代表不同的发展阶段不失其时而成，升降无常，变化无常，随时而用，处则乘潜龙，出则乘飞龙，所以说"时乘六龙"以驭天。明白掌握自然的发展变化之道，明晓事物发展变化规律，掌握不同阶段的特性，那么自然就会进入"始则潜伏，终则飞跃，可潜则潜，可飞则飞"的自由的必然王国，就能随心所欲应对种种变化或问题。

第二章
乾卦 —— 天道刚健

讲到这里，我们来看看黄寿祺、张善文在《周易译注》中关于乾卦洁静精微的总论与阐释——乾卦作为《周易》六十四卦之首，以"天"为象征形象，揭示了"阳刚"元素、"强健"气质和本质作用及其发展变化规律。孔颖达问道："此既象天，何不谓之'天'，而谓之'乾'？"他自答说：天是"定体名"，乾是"体用之称"，"天以健为用者，运行不息，应化无穷，此天自然之理。"（《周易正义》）实事上这是论及"象"与"意"的关系。从"象征"的角度分析，乾卦的喻旨，正是勉励人效法"天"的刚健精神，奋发向上；这也是《大象传》极力推赞的："君子以自强不息。"卦辞以"元、亨、利、贞"四言高度概括"天"具有开创万物，并使之亨通、富利、正固这四方面"功德"，意在表明阳气是宇宙万物"资始"之本。但"阳刚"之气的自身发展，又有一定的规律，于是，六爻拟取"龙"作为"阳"的象征，从"潜龙"到"亢龙"，层层推进，形象展示了阳气萌生、进长、盛壮乃至穷衰消化的变化过程。其中九五"飞龙在天"，体现阳气至盛至美的情状；上九"亢龙有悔"，则披露物极必反、阳极生阴的哲理。《周易》的辩证哲学体系，在此铺下了第一块基石。要是进一步从"《易》者，象也"这一特征细加考究，还可以发现，本卦的卦体取"天"为象，故是比喻；六爻的爻辞取"龙"为象，也是比喻：大旨无非揭明"阳刚"的内在气质。朱熹说："《易》难看，不比他书。《易》说一个物，非真是一个物，如说'龙'非真龙。"（《朱子语类》）这种假象寓意广见于《周易》全书，是这部现存最古老的哲学著作的重要特色。

第五节

遵循规律，保持稳健科学地发展

潜龙勿用—见龙在田—惕龙乾乾—龙跃深渊—飞龙在天—亢龙有悔，用来比喻人生或事物成长的六个阶段，其宝贵启示有哪些？

尽管世间万物万象纷繁复杂，但事物萌发生长强盛衰败都有规律可遵循。龙有生命周期，人也有生命周期，生命周期所蕴含的发展阶段也大致相同，其实，世界上任何事物的发展都存在着生命周期，其发展阶段尽管有个体差异，但都有着基本共同的规律可以遵循。大至国家朝代建立，中至企业设立，小如万事万物的每个个体，比如蚂蚁这样小的昆虫，都大致有着萌长盛衰的阶段性规律和成长的基本趋势。有了对规律性的认识，针对不同阶段的阶段性特征及存在的问题，就可以采取相应的原则与必要有效的措施，应对层出不穷的形形色色的变化，增强针对性，避免盲目性，才能有效解决生存发展中的种种问题，保持持续稳健科学的发展。这就叫"萌长盛衰循规律，进退存亡视阶段"。

比如说，国家孕育建立时期（潜龙勿用），要积极动员积蓄各方力量同腐朽国体或政治制度或昏庸的统治者做坚决彻底的斗争；国家初创时期（见龙在田），面对百废待兴的局面要发展生产，焕发生机；国家振兴时期（惕龙乾乾），害怕各种敌对势力强大构成威胁，想尽一切办法干扰，就需要格外励精图治，保持高度的惕厉，时刻警惕亡我之心与亡我之举；国家腾飞时期（龙跃深渊），要健全社会管理机制，处理好发展与保障等各种社会关系，防止社会运营出现脱节现象；国家强盛时期（飞龙在天），谨防物极必反，要居安思危，警钟长鸣，重点要防范各层面、各级领导干部，尤其是重要领导干部腐败堕落，这个阶段是物极必反转化的节点，丝毫马虎不得，大意不得；国家衰败时期（亢龙有悔），要维护国力，爱惜国民，不要发生过度消耗。

以企业生命周期为例，发展阶段与规律也基本相同。比如说，企业孕育阶段（潜龙勿用），要积极动员积蓄各方力量做基础准备；企业初创阶段（见龙在田），百端待举，要组织生产，拓展市场，做好运营；企业振兴时期（惕龙乾乾），各种竞争对手威胁严重，需要艰苦奋斗，励精图治，在竞争中求得生存，关键是要增强核心发展能力；企业成长阶段（龙跃深渊），要健全管理机制，处理好发展与保障的关系，处理好发展规模、速度、效益的关系问题，防止投入产出失衡；企业成熟阶段（飞龙在天），谨防物极必反，要居安思危，警钟长鸣，防止管理者各种不当欲望的无限膨胀，重点要防范各层面、各级领导干部腐败堕落，同时，要防范具体岗位工作人员消极懈怠，发生失职、渎职行为给工作造成不利或被动局面，这个阶段是物极必反转化的节点，丝毫马虎不得，大意不得；企业衰退阶段（亢龙有悔），要维护财力，爱惜员工（民众），不要发生过度消耗，同时要研究转型、转产、釜底抽薪等一系列办法。

衰退与死亡既是旧事物的终结，也是新生的开始，是发展变化过程中矛盾转化最激烈的环节。不同阶段主要矛盾不同，抓住主要矛盾，具体原因分析到位，才能处理好阶段问题。掌握事物发展的阶段性及其规律，从方法论角度看，顺应自然就会"衍物干事序渐变"——衍生万物与干事均遵循循序渐进的规律，应对变化，有条不紊地进行，就可以增强针对性，避免盲目性，提高效率，取得良好效果。

第六节

自强不息,是发展与进步的主导力量

"保合太和"是阴阳之合,阳气是阴阳交合的重要基础,这是贞正之道的根基。自身和社会发展与进步没有内在动力行吗?

"保合太和"是《易经》中最重要的哲学思想。《程氏易传》中说:"保为常存,合为常和。"太和即大的和谐,"保合太和"是保持常和达到大的和谐。高亨在《周易大传今注》中说:"保,保持。合犹成也。大读为太。太和非谓四时皆春,乃为春暖、夏热、秋凉、冬寒,四时之气皆极为调谐,不越自然规律,无酷热,无严寒,无烈风,无淫雨,无久旱,无早霜,总之,无特殊自然灾害。天能保合太和之景象,乃能普利万物,乃为天之正道,故曰:'保合大和,乃利贞。'"

《易经》所揭示的道理,无不表现天地氤氲有常生,阴阳和会以施化,刚柔相摩以成形,男女和合成夫妇,感应相通生变化的思想。《易经》的氤氲、和会、相摩、和合、相通都蕴含着和合、融和的意思,都是"保合太和"的具体表现。"和合"思想奠定了中国哲学重和而不重争，重和而不重分的特征，体现了矛盾对立统一的基本规律性。可见，"保合太和"指的是阴阳之合，阳气是阴阳交合的重要基础，这是贞正之道的根基。天生发创造万物，具有发展的活力、奉献的精神，天阳刚健劲，自强不息，是推动自然、社会、时代、文明进步的主导力量。因此，天始生万物永远不会自满。

第七节

民族精神和信仰是中华民族长盛不衰的乾天

> 人生存于世，离不开精神和信仰。
> 民族屹立于世界民族之林，离不开民族精神。
> 民族精神，是民族的脊梁！

人生存于世，离不开精神和信仰；一个民族屹立于世界民族之林，离不开民族精神。

民族精神，是民族的脊梁！

所谓民族精神是指反映人民群众利益和社会发展方向的进步观念和优秀文化，是指导民族延续发展、不断前进的思想精粹，集中体现在信仰上。在人的成长和发挥作用过程中，需要有坚定的信仰，有正确的、科学的人生观引导方向提供强大的精神动力，明确人类生存的目的、价值和意义，树立起核心价值体系。这项伟大的工程自从有人类以来就未曾停止探索的步伐。人生观的核心问题是如何认识和处理个人发展同社会进步的关系，即私与公的关系问题。拥有阳光、活力、刚健、奋发、向上、进取的人生观，拥有正确的价值取向，既激励人自强不息，同时又对他人和社会有所贡献。

人是群居的社会性动物，仅有个体行动和奋斗是不够的，需要相互团结协作共同奋进，需要有民族精神凝聚人心，凝聚力量，应对重大自然灾害与社会变乱，推动社会前进，创造文明。

乾卦阐释了正确的人生观和宝贵的中华民族精神。

中华民族的图腾是龙，中华文化是龙的文化，乾卦以龙成长的"潜龙勿用""见龙在田""惕龙乾乾""龙跃深渊""飞龙在天""亢龙有悔"六个阶段打比方，喻示事物发展与个人成长具有鲜明的阶段性，说明人生成长或衍物干事必须"萌长盛衰循规律，进退存亡视阶段"。

乾卦六爻以龙的成长过程打比方，描绘了人和事物的成长进程，催生了伟大的中华民族精神。乾卦的"天行健，君子以自强不息"与坤卦的"地势坤，君子以厚德载物"（坤卦将进行解读与揭示）是其集中体现。中华民族精神是一个博大精深的思想体系。它的核心内容是以爱国主义为核心的"团结统一、爱好和平、勤劳勇敢、自强不息"。

正确的人生观和宝贵的民族精神是中华民族奋发图强的强大精神支柱，在强大的中华民族精神凝聚和感召下，伟大的中华民族必将万众一心，同舟共济，同心同德开创伟大的事业，缔造美好的未来。

乾卦警语箴言

　　为了让您简洁明晰地学习掌握和运用乾卦的内涵，现用七古体风格，我重新概括提炼升华出乾卦警语箴言，以供您熟读熟记和便于运用。如果您想让孩子也学习掌握，这可以作为童蒙读物的基础本，让孩子反复诵读，烂熟于心。他们将来走向社会，如果遇到相关的情况，则会豁然心领神会，终身受用无穷。

乾上乾下始乾元　元亨利贞阳刚健
潜龙勿用蓄精锐　见龙在田试手段
惕龙乾乾免祸害　龙跃深渊度机变
飞龙在天盛德普　亢龙有悔极必反
群龙无首谦谨慎　衍物干事序渐变
天道刚健主创造　万物资始乃统天
云行雨施物流形　首出庶物万国安
萌长盛衰循规律　进退存亡视阶段
君子自强而不息　时乘六龙以驭天
大明终始乾道变　六位时成性命安
保合太和乃利贞　天生万物不自满
树立正确人生观　民族精神是乾天

第三章

坤卦 —— 地道柔刚

 坤 坤为地

第一节
俯察地理，看到了什么

> 开启洞悉地道之旅，全身心融入大地之中，深入探寻与发现大地的美质与特性，有哪些令人心怡和向往的美德可以增益您的情操呢？

让我们共同追随古圣先贤的脚步俯察地理，看看我们双脚立足的大地，看看大地有哪些特征或特质，对我们增益美德与身心健康有什么帮助，那就一起开启洞悉地道之旅吧。

洞悉地道，需要学习研究坤卦。

首先，在讲解坤卦之前，从文字语义层面，了解一下何为坤。坤是会意字，由土和申两部分组成，土表示土地，申表示西南方，土与申合起来表示与"乾"代表的"天"相对的"地"。《左传·庄公二十二年》："坤，土也。"《说卦》："坤也者，地也。""坤，顺也"——即言以地为象，以顺为义。地为"定体之名"，坤为"体用之称"，地以顺为义，承载万物生生不息。

其次，说一说什么是坤卦。《说文》："坤，地也，易之卦也。"本义

八卦之一，象征地。

一阴一阳之谓道。仅有"阳"或仅有"阴"都构不成完美和谐的统一体。

阴阳矛盾对立统一，相辅相成，才构成完美和谐的客观存在。

坤卦卦象为"**坤上坤下，坤，坤为地**"。

坤就是地，"坤上坤下"说的是大地连绵不绝，并不是地上有地或地下有地。

学习体悟《易经》各卦，要走出字面与卦画符号机械理解的误区，包括后文要讲的艮卦、震卦、坎卦等，理解时都要注意。

这个视觉与思维误区如果不突破，就会在卦画符号误区里徘徊流连，很难深入真正的卦象，领悟深刻的易理。

我们在《易经》中看到的卦画（▅▅▅）（▅▅ ▅▅），是西伯侯姬昌获得宝贵开示，便于记录使用的抽象符号，仅仅是抽象直观的卦画符号，并不是卦象本身。

如果您将卦画符号看成是卦象，那么，步步是坎，爻爻都是拦路虎，看上去就让人脑袋疼。

如果透过卦画符号与我一道去看展现在大自然中的各种物象，将体验到从来不曾体验过的通天彻地的感悟。

这种感悟，透彻灵魂，贯通古今，通向未来！

这一点，您一定要有清醒的认识，否则，对这门学问的理解与掌握会被所谓的"易学大师"引入歧途。

真正的卦象是什么？是我们肉眼能够看见的天、地、日、月、山、水、风、雨、雷、电等，以及它们位置不同的种种组合的景象。

打个通俗直观的比方，我们常常看到世界地图，并不是每天变化无穷的地球地貌的真实景象。用四色原理所描摹的地图，只是抽象的表达符号，并不是真实的地貌，天长日久，如果您相信那就是真实的地貌，

第三章
坤卦——地道柔刚

就大错特错了！会不得要领，甚至产生某种错误的认识，离《易经》的精髓和真谛就会越来越远。

地球，是按照一定规律运行，生生不息，蓬勃繁茂的生命共同体，为我们提供了赖以生存的舞台。

看到如此生机勃勃的大地物象，人们会心胸开阔，情怀豁达，心头不免生出沉甸甸的责任感、使命感，自然也会激发出奉献精神。

我们不妨再向前迈进一步，全身心融入大地之中，深入探寻与发现大地的美与特性，探索令人心怡和向往的美德可以增益人的情操。

《彖》曰：至哉坤元，万物资生，乃顺承天。坤厚载物，德合无疆。含弘光大，品物咸亨。牝马地类，行地无疆，柔顺利贞。君子攸行，先迷失道，后顺得常。西南得朋，乃与类行；东北丧朋，乃终有庆。安贞之吉，应地无疆。

彖辞要义是，美德至极啊！广阔无垠的大地是生成万物的根源，万物都依靠它成长，它柔顺而秉承天道自然的法则。地体深厚，蕴藏着宽阔、广大、恢弘、光明的特质，雄浑厚重，坚实有力，具有纯正、柔顺、承载之德，使万物都能顺利地成长。大地深厚且载育着万物，它的功德广阔无穷。它含育一切使之发扬光大，万物亨通畅达普遍受到滋养。与天相对，大地居于依从、附属地位，与阳刚劲健的天相比，大地最明显的美德是依从、驯顺、辅助天生成和化育万物。牝马是阴柔巽顺之物，与大地同属具有"顺"的属性的事物。牝马属于地上走兽、具有在辽阔无垠大地上无限驰骋的能力，它的性情柔顺祥和，应合了大地广阔无垠的柔顺之德，有利于守持正固。大地因具有柔顺的美德而吉祥如意。同样，牝马柔顺依从也吉祥如意！因此，人们以大地、牝马所获得启示为鉴，在任何行动中秉持安顺且守持正固的态度将是吉祥的。具有像大地那样美德的君子可以像平稳流动的水那样淡定从容地去做任何事情是有利的，不容易伤害别人，也不容易被别人伤害。地形地貌复杂，在大地上行走由于对地理形势不明，争先居首容易迷路，顺随大流能够从迷失的路途回归到正路上来。做事也是相同的道理，对一般人来说，如果遇事争先居首就会迷失方向，如果跟在人后顺随大势就能找到正道。往西南方向可以与同类同行。往东北方向将失去同类则有害无益，但最终也仍有喜庆福祥。安顺守持正固的吉祥，正应合大地的美德永葆无疆。

为加深理解，相关字词义再训诂解释一下：

为什么"至哉坤元"？朱熹曰："至，极也。"《周易正义》："至，谓至极也。言地能生养至极。与天同也。但天亦至极，包笼于地；非但至极，又大于地：故《乾》言'大哉'，《坤》言'至哉'。"高亨曰："坤为地，为顺，地能生养万物；能顺承天道；体厚能载万物，面广能包容万物，万物得以皆美。是地之德又元善又亨美。"

何谓"坤厚载物"？林希元《易经存疑》曰："惟其厚，故能无不持载。故君子以其厚德，以承载天下之物多矣。"《国语·晋语六》："吾闻之，唯厚德者能受多福，无福而服者众，必自伤也。"厚德载物，雅量容人。大地的厚实和顺，地能承载万物生生不息，君子应效法大地的美德，增厚美德，胸怀包容万物，能够处理好各种事务，造福民众。

何谓"含弘光大，品物咸亨"？"弘"是解开其深刻奥义的关键字。《尔雅·释诂》："大也"，邢昺疏："含容之大也。"《周易集解》引崔憬曰："含育万物为'弘'，光华万物为'大'；动植物各遂其性，故曰'品物咸亨'也。"大地含育一切使之发扬光大，万物亨通畅达普遍受到滋养。

牝的本义指雌性的鸟兽。牝马指雌马。

何谓"君子攸行"？《说文》解释为："攸，行水也，从攴，从人，水省。"段玉裁注"水之安行为攸"。攸是会意字，由攴、人和水字省略的一竖来表示水行。攸本意为水平稳地流动。攸往，是《易经》中常用的词，从行为状态看，是淡定、从容、平稳、不慌不忙的那种行为，做事能够进入或保持这种"攸往"的状态，主要源自对所要做的事熟悉掌握情况，心中充满自信，因此，做事的时候才能淡定从容，波澜不惊，得心应手。坤德在于"柔顺""居后"，"抢先"必"迷"，"随后"则"利"。面对世界层出不穷的纷繁变化，淡定从容应对各种事情，充满自信，是多么宝贵的精神品质啊！

"常"指恒常不变的规律。

"朋，比也。"（《广雅·释诂三》）"朋，朋党也。"（《广韵·登韵》）"凡言朋者非唯人为其党，性行相同亦为其党。"（孔颖达疏）

"西南得朋"与"东北丧朋"为什么不一样？坤居西北亥位，阴气逆行，沿西南方向前行遇"阳"渐盛，若沿东北方向前行则失阳渐尽，而阴得阳为朋，故西南行"得朋"，东北行"丧朋"。虽往东北方向丧阳失朋，但行至终极，必将旋转为"西南"向，则也出现得朋之庆，故曰"乃终有庆"。这是揭示阴阳循环消长之理，正合坤卦揭示的地道——承载与比辅之道。

第二节

地道柔刚，厚德载物广蓄博养

> 地道柔刚与厚德载物：坤象征大地，君子应如何效法大地，胸怀宽广，包容万物，而培育社会公德呢？
> 包容与宽忍，让生命精彩纷呈！

坤卦核心启示为象辞所说**"地势坤，君子以厚德载物"**。朱熹评说坤地："高下相因只是顺，若厚，又是一个道理。然惟其厚，所以上下只管相因去，只见得他顺。若是薄底（的）物，高下只管相因，则倾陷了，不能如此之无穷矣。惟其高下相因无穷，所以为至顺也。君子体之，惟至厚为能载物。天行甚健，故君子法之以自强不息；地势至顺，故君子体之以厚德载物。"就是说坤象征大地，君子应效法大地，胸怀宽广，包容万物，处理好各种事务。

地道柔刚，厚德载物。那么，需要把握哪些方面呢？

第三章
坤卦——地道柔刚

一、看地道柔刚

坤卦卦辞是"坤：元，亨，利牝马之贞。君子有攸往，先迷，后得主，利。西南得朋，东北丧朋。安贞吉"。

卦辞要义是，坤卦象征大地，运用坤卦所阐述的道理去办事，原始、亨通，利于像雌（牝）马那样恪守驯顺雌柔的贞操，发扬承载比附奉献的美德。君子可以像平稳流动的水那样淡定从容地去做任何事情，如果遇事争先居首就会迷失方向，如果跟在人后顺随大势就能找到正道，追寻到主人，有所归附，是有利的。往西南方向可以得到朋友的帮助，是因为与同类同行。往东北方向，地广人稀，烟火稀少，去那样的生活，则将失去同类。处在这样的地位，安心守持贞正之道是吉利的。

"牝马之贞"是大地美德的核心，是千万年来解开坤卦的金钥匙，也是读懂坤卦，善用坤卦的精髓所在。秉持"牝马之贞"做人做事顺风顺水逢凶化吉遇难呈祥；无"牝马之贞"则阻碍重重凶祸四起。牝马为雌马，黄寿祺、张善文《周易译注》："'牝马'柔顺而能行地，故取为'坤'德之象。"《周易集解》引干宝曰："行天者莫若龙，行地者莫若马；故《乾》以龙繇，《坤》以马象也。坤阴类，故称'利牝马之贞'矣。"用老百姓的大白话来说其实更直白：雌马性情柔弱温顺承顺公马，能够生育很多小马驹儿，驯顺地能拉车、犁地、驱驰战场做各种各样的艰苦劳动，具有奉献精神，就像承载万物生生不息的大地一样具有柔顺的美德，他们的美好德行就在于"柔顺"与"正固"。这是现实社会强调团结、和谐、凝聚力的核心与关键所在。

本卦给人以宝贵的启示，安顺且守持正固的行动将是吉祥的，因为应合了大地广阔无极的柔顺之德。坤卦从坤地抽象出一个坤顺的特质。坤为阴形积累集中的形象，如广阔深厚的土地，如特别柔软的事物。坤土是一种最能够顺从四时变化的事物。冬日就变硬，夏日就变软。所以将坤卦的特质确定为柔顺。君子应该效仿这种品德而行动，善用柔的法则，谨言慎行，坚持中庸的原则，跟在人后顺随大势就能找到正道，巽顺配合，做事就会取得好效果。

二、看厚德载物

"天"富有萌生万物的能量，创生万物，"大地"辅助配合，负载完成生命的诞生和成长。"阴阳为朋"，阴阳相互作用，是万物运动、发展、变化的源泉。阴阳相依相存，相辅相成。如果没有生命赖以生存的家园——地球村，只有光明炽热的太阳高悬在天空上，地球上的各种生命都无从谈起，恐怕宇宙中可能是死寂的虚无。因为有了地球，有了大地，才有了万物蓬勃且欣欣向荣的生物链。大地深厚且载育着万物，它的功德广阔无穷。它蕴藏着宽阔、广大、恢宏、光明的特质，雄浑厚重，坚实有力，具有纯正、柔顺、承载的美德，使万物都能顺利地成长。坤象征大地，大地有胸怀宽广、包容万物、容纳百川的品德，泽荫普及万物无边无际。

天地间有形的东西，有比大地更厚道的吗？

没有！

生命脱离大地能够生存吗？

不能！

所以君子处世要效法"坤"的特质和美德，取法于地，自尊自重，以深厚的德泽育人利物，无论是对聪明、愚笨的人，还是对卑劣不肖的人，都要给予一定的包容和宽忍。

包容与宽忍，让生命精彩纷呈！

三、看培育社会公德

任何国家都是由国家机器和基层组织、国家统治者和民众组成的。统治者与民众,公众事务管理、服务者与被管理、服务对象构成统一体。社会稳定靠社会管理制度和公序良俗维系。社会维护公序良俗需要每个公民有良好的德行和操守为支撑点。从类比天与地的主辅关系看,在社会公共关系格局中,民众处于依从、附属的地位,公民是社会组织系统的最基本细胞,必须培养美好的道德情操,才能构成高素质的群体。民强则国强,民善则国善。没有高尚的道德情操国家何以立足?

"爱国守法、明礼诚信、团结友善、勤俭自强、敬业奉献",是公民道德的基本规范。

"爱国守法"——是公民对国家的最首要的道德义务。公民应当热爱国家、建设国家、保卫国家,维护国家的尊严,维护法律确定的最基本的政治秩序和社会秩序。民族英雄戚继光,堪称爱国者楷模,激励了一代代民族英雄为保卫国家、保卫中华民族英勇奋斗!

"明礼诚信"——公民应讲文明、讲礼貌、讲诚实、讲信用。在经济活动中要诚信,杜绝假冒伪劣、坑蒙拐骗;在日常生活中也要信守诺言,忠诚待人。商鞅变法,徙木立信,在中华文明的长河中竖立起了诚信的标杆!

战国时期法家著名人物商鞅在秦国进行政治改革,提出了废井田、重农桑、奖军功、实行统一度量和建立郡县制等一整套变法求新的发展策略,使秦国的经济得到发展,军队战斗力不断加强,发展成为战国后期最富强的国家。变法初期,商鞅起草了一个法令,但是怕老百姓不信任他,不按照新法令去做,他就先叫人在都城的南门竖了一根三丈高的木头，下命令说："谁能把这根木头扛到北门去，就赏十镒金。"不一会儿，南门口围了一大堆人，大家议论纷纷。有的说："这根木头谁都拿得动，哪儿用得着十镒赏金？"有的说："这大概是左庶长成心开玩笑吧？"大伙儿你瞧我，我瞧你，就是没有一个敢上去扛木头的。商鞅知道老百姓还不相信他下的命令，就把赏金提到五十镒。没有想到赏金越高，看热闹的人越觉得不近情理，仍旧没人敢去扛。正在大伙儿议论纷纷的时候，人群中有一个人跑出来，说："我来试试。"他说着，真的把木头扛起来就走，一直搬到北门。商鞅立刻派人传出话来，赏给扛木头的人五十镒金，一分也没少。这件事立即传了开去，一下子轰动了秦国。老百姓说："左庶长的命令不含糊。"诚信具有无穷大的威力。

"团结友善"——公民之间应该彼此团结，相互友爱，建立起一种和睦亲爱的关系。团结是力量的源泉。能否团结、友善，关系到一个人的前途和幸福，也关系到民族的兴旺、国家的兴衰。

"勤俭自强"——公民应自强不息，健康向上，勤奋创造财富，厉行节约，反对奢侈浪费和享乐主义的生活方式。

"敬业奉献"——公民应爱职爱岗爱事业，精益求精，为国家、为社会、为他人做出有益的贡献。钱学森学业有成冲破重重封锁回到祖国母亲怀抱，为建设与振兴新中国航天工业奉献了毕生精力和才华，书写了民族的骄傲！

公民道德基本规范是对公民自身的约束和要求，在"利他"境界中实现"利己"和"互利"，和谐共生。每一个公民都应该遵守。

第三节

为臣之道，要像牝马一样柔顺坚贞

> 何谓臣道？东汉刘向《说苑·臣术》有"人臣之行，有六正六邪"之说。领导明白这些理，利于甄选好下属；员工明白这些理，利于当个好成员。

"大地"配合、辅助"天"创生、长养万物，万物欣欣向荣；雌（牝）马驰骋在辽阔的大地，性情柔顺、温和，配合、服从意识强，繁殖大量马驹，畜兴业旺；子女孝顺妻妾贤淑，家兴业兴；臣子巽顺和谐，君臣关系融洽国家兴旺繁荣。以雌（牝）马为比，兴发出臣属、妻妾承载比辅之道。其关键所在是柔顺贞正的美德有利于增强凝聚力。如果具备，则是吉祥有利的。

何谓臣道？刘向在《说苑·臣术》中曰："人臣之行，有六正六邪。行六正则荣，犯六邪则辱。何谓六正？一曰：萌芽未动，形兆未见，昭然独见存亡之机，得失之要，预禁乎未然之前，使主超然立乎显荣之处，如此者，圣臣也。二曰：虚心尽意，日进善道，勉主以礼义，谕主以长策，将顺其美，匡救其恶，如此者，良臣也。三曰：夙兴夜寐，进贤不懈，数称往古之行事，以厉主意，如此者，忠臣也。四曰：明察成败，早防而救之，塞其间，绝其源，转祸以为福，使君终以无忧，如此者，智臣也。五曰：守文奉法，任官职事，不受赠遗，辞禄让赐，饮食节俭，如此者，贞臣也。六曰：家国昏乱，所为不谀，敢犯主之严颜，面言主之过失，如此者，直臣也。是谓六正。何谓六邪？一曰：安官食禄，不务公事，与代浮沉，左右观望，如此者，具臣也。二曰：主所言皆曰善，主所为皆曰可，隐而求主之所好而进之，以快主之耳目，偷合苟容，与主为乐，不顾其后害，如此者，谀臣也。三曰：内实险诐（zhù），外貌小谨，巧言令色，妒善嫉贤，所欲进，则明其美、隐其恶，所欲退，则明其过、匿其美，使主赏罚不当，号令不行，如此者，奸臣也。四曰：智足以饰非，辩足以行说，内离骨肉之亲，外构朝廷之乱，如此者，谗臣也。五曰：专权擅势，以轻为重，私门成党，以富其家，擅矫主命，以自贵显，如此者，贼臣也。六曰：谄主以佞邪，陷主于不义，朋党比周，以蔽主明，使白黑无别，是非无间，使主恶布于境内，闻于四邻，如此者，亡国之臣也。是谓六邪。贤臣处六正之道，不行六邪之术，故上安而下治。生则见乐，死则见思，此人臣之术也。"

也就是说，臣子的品行，有六正六邪之表现。能做到六正的臣子是光荣的臣子，有六邪行为的臣子则是做臣子的耻辱。何谓六正？一等正臣是圣臣——他们有先见之明，能够在事情还没有发生之前预见到得失存亡的利害之别，臣子为君主着想而使君主免于祸患，永葆江山稳固，这样的臣子是圣臣。二等正臣是良臣——他们虚心进谏，能够劝告君主实行礼义，帮助君主成就善事，避免君主犯错误，这样的臣子是良臣。三等正臣是忠臣——他们废寝忘食，兢兢业业，能够不断地为朝廷举荐贤才，不断用古代圣贤的楷模来勉励君主，励精图治，这样的臣子是忠臣。四等正臣是智臣——他们明察秋毫，防微杜渐，能够断绝祸患产生的根源，转危为安，使君主高枕无忧，这样的臣子是智臣。五等正臣是贞臣——奉公守法，不收贿赂，能够谦让节制，这样的臣子是贞臣。六等正臣是直臣——国家混乱，敢冒天下之大不韪，当面指出君主的过错，这样的臣子是直臣。以上就是所说的"六正"。那么"六邪"是什么呢？一等邪臣是具臣——他们贪得无厌，不务正业，苟且偷生，没有立场，这样的臣子是具臣。二等邪臣是谀臣——他们认为君主说的话都是好的，君主的行为都是对的，只会趋炎附势，助长君主的逸乐，不顾严重后果，这样的臣子是谀臣。三等邪臣是奸臣——他们内心阴险，外表拘谨，八面玲珑，嫉贤妒能，要想提拔谁，就只说优点，隐瞒过失，要想排挤谁，就夸大他的缺点，掩盖他的优点，致使君王赏罚不明，下达的命令又不被执行，这样的臣子是奸臣。四等邪臣是谗臣——他们凭着自己的机巧辩才，掩过饰非，对内离间骨肉之情，对外制造朝廷混乱，这样的臣子是谗臣。五等邪臣是贼臣——他们专权霸道，不可一世，私结友党，聚敛财富，伪造君主的诏令，以显贵自居，这样的臣子是贼臣。六等邪臣是亡国之臣——他们用邪道歪门迷惑君主，陷君主于不仁不义之境，蒙蔽君主，使他不辨是非曲直，臭名昭彰，这样的臣子是亡国之臣。这就是所说的"六邪"。如果臣子做到"六正"，避免"六邪"，那么朝廷就会安宁，天下也会太平。作为臣子生时为百姓造福，死后被人追忆思念，这就是为臣之道。

第四节

恪守中庸之道,广蓄美德

> 坤卦六爻有哪些奥妙?"履霜,坚冰至""不习无不利""含章可贞""括囊无咎""黄裳元吉""龙战于野"分别讲了哪些理?

坤卦六爻全面深刻概括、揭示、展现了大地所代表的柔顺美德,以及用这一美德指导社会实践与日常生活的益处。

这些理已经渗透到我们的血液中,我们的工作、生活时刻都离不开它们。

践行这些理,有利于构建和睦家庭,有利于构建和谐邻里,有利于构建和谐团队,有利于构建和谐社会。

群体或团队,因凝聚与亲和而团结和谐且坚强有力!

如果从六个角度或六个环节或六个方面去观察和欣赏客观实在瓷瓷实实的大地,会发现它是那么:

厚重朴实!

驯顺柔美!

坚实有力!

第三章
坤卦——地道柔刚

令人信赖！

大地，是我们生活在这个世界上，最有安全感的依靠。

难怪日常生活中说事情靠谱，常常会说："这下心可落了地！"

如果能用大地所富有的美德修养自己，您绝对是一个宽厚驯顺配合意识极强、人缘特好的人！

想融入团队，团队欢迎您！

想得到上级的信任和重用，上级信赖您！

想与人民群众打成一片，人民热爱您！

走到哪里都受到喜爱和欢迎，有什么不好呢？

如果以前您在家里唯我独尊，我行我素，不顾忌家人的感受，导致鸡飞狗跳，今天用柔美的德行展现给家人，您会发现，家会泛起温馨的浪花，家会涌动爱的涟漪，在爱的港湾中会涌流起绵延潮汐！

在任何一个团体中，不也是这样吗？

因柔顺和美而温暖心灵，让您唤起回响，与众不同！

我们不妨"水煮"坤卦六爻（六爻表述的内容有一定的逻辑性，也有一定的跳跃性，学习时要注意系统思维），看看有哪些精神佳肴呢？

我们来看看您习以为常的大地，在熟视无睹的麻木中，在得意忘形的快乐中，在行色匆匆的赶路中，您是不是常常忽视以下这样的景象，看看西伯侯与其四儿子周公在后来的日子里开示了什么道理——

一、未雨绸缪，防患于未然

初六：履霜，坚冰至。

象曰：履霜坚冰，阴始凝也。驯致其道，至坚冰也。

履：走……上，踩，践踏。驯：驯是形声字，马为形，川为声。一说，川兼表顺义。驯的本义指马顺服。释义为驯服、顺服。孔颖达在《周易正义》中说："驯，犹狎顺也，若鸟兽顺狎然。言顺其阴柔之道，习而不已，乃至坚冰也。"

第一种景象：秋天的大地。在中国的北方，在一年四季的轮回中，深秋时节，您会遇到这样的景象，脚踏秋霜，天气变冷，这预示着什么？预示着冰雪即将到来，说明阴气开始凝聚，按照这种趋势和规律发展下去，必然迎来冰雪季节。此之谓"冰冻三尺，非一日之寒"。正如朱熹所云："其端甚微，其势必盛。"这是气候变化的必然规律。这种必然规律是由什么决定的呢？根本原因在于，观察大地上水的变化，您自己就会判断。水是地上最柔顺的物质，其特性为阴润柔顺，恰恰是这种柔顺之物，当秋天来临之时，既能让我们准确判断出事物的发展变化趋势，同时又展现了其本身的特质，那就是在外力的作用下，水由极柔之物转化为坚刚之物。

由此引申，任何事物都存在必然的发展规律，都有它特有的美质！

关键是我们要有一双善于发现的眼睛。要有敏锐的洞察力。要有"履霜坚冰微知著"的功夫。要有见善动心的善举。

善于从眼前的简单物象、细节或细微征兆中预见到未来发展的必然趋势，并针对趋势中将要发生的种种可能，采取必要的应对措施，防患于未然，妥善处理好各种问题。此乃见微知著、由表及里的功夫。需要"识远绸缪高素养"——见识广远，善于未雨绸缪，有很高的素养，能够根据已知的情况、现象或条件，准确判断事物的发展趋势和可能，采取必要的措施应对可能出现的种种局面。

基于这样的功能说《易经》是预测学没有错，掌握了《易经》所阐述的道理，对事物按规律发展的趋势进行预测和判断，具有可行性也能够做得到。

《易经》是哲学，也是科学，预见性强，具有伟大的积极作用。

有很多所谓"易学大师"却将这门学问忽悠成能够占卜、算命、看风水，那就太离谱了！

现代社会诞生了许多新行业、新事物，人们想象的稀奇古怪的问题具有无穷的个性。如果周文王在殷商王朝与西周王朝建立的风云际会之时能够给未来的人们算得一清二楚，那我们还要科学家干什么呀？大家都混吃等死就算了吧！

二、胸怀宽广，包容万物

六二：直方大，不习，无不利。

象曰：六二之动，直以方也。不习无不利，地道光也。

习（習）是什么意思？《说文》解释："习，数飞也。从羽从白。凡习之属皆从习。"在甲骨文中是会意字，由羽和日组成，表示鸟儿在日光下飞翔。习的本义指小鸟反复练习飞翔。有熟悉、通晓、学习等义。

第二种景象：视觉上看平原。大地具备宽直、方正、广大等特性和优秀的品格，这是承载和包容的基础，对这些特性和品格即使不熟悉也不会有什么不利（不习无不利），因为地德体厚广大，能够承载包容万物。从中受启发和借鉴，人（当然指臣属、民众、妻等）也应该效仿地道，具有这样宽广伟岸的胸怀和光明的美德，使其发扬光大（地道光也）。此可谓"直方广大无不利，地广德厚发热光"。

为加深理解，谈一谈我在三江大地深悟此爻的感受：辽阔的三江平原，向前后左右哪个方向望去，都是平直广阔，望不到边际，春夏季节绿油油的稻田或金秋时节的金灿灿的稻浪连向天际，置身在广阔无垠的稻田中，才会真实感受到大地那"直方大"宽广伟岸的胸怀，正是这宽广伟岸的胸怀承载着万物生生不息。

三、顺承辅助

六三：含章可贞；或从王事，无成有终。
象曰：含章可贞，以时发也；或从王事，知光大也。

第三种景象：春天或夏天的大地。大地地德体厚广大，能够承载包容万物，因具有顺承和辅助的美德能够蕴蓄天的阳刚之德，顺应时令变化使得万物生长繁茂丰盈华彩灿然（含章），原因在于大地深厚广博可以吸纳乾天的阳刚而守持正固（可贞）。君子或臣民有深厚道德修养像大地那样内蕴美质，内蕴文章胸怀才华，才智（知）广大，把握时机而施展才干，能够具有顺承和辅助的美德听从君王的召唤为君王做事，即使没有卓著的成就，也会有良好的结果。这是因为将大地的顺承和辅助的美德发扬光大到极致。因为内蕴美德的人值得信赖与托付。

何谓含章可贞？《说文》解释："章，乐竟为一章。从音从十。十，数之终也。"《古代汉语词典》说："章是象形字，在篆文中这个字变形为会意字，由音和十两部分组成。章的本义指花纹、文采。"孔颖达疏："章，美也。"含章指包含美质。宋代司马光在《体要疏》中说：

"夫岂皆习见成俗以为当然，其亦有含章怀宝，待唱而发者也。"

何谓无成有终？无成指没有成就。高亨在《周易大传今注》中说："事有好结果为终。"即使没有卓著的成就，也会有良好的结果。

四、谨慎行事

六四：括囊，无咎，无誉。

象曰：括囊无咎，慎不害也。

第四种景象：秋天收获季节的大地。在丰收的季节里，常常会见到装满谷物的口袋扎紧袋口（括囊），堆放在农田或场院，防止收获的粮食散失或遗落。这种景象给人的启示是，人若能像扎住袋口那样缄默不言，谨慎行事，不求赞誉，就不会招致灾祸（"无咎无誉""慎不害也"）。

孔颖达疏："括，结也；囊，所以贮物，以譬心藏知也。闭其知而不用，故曰括囊。"秋收粮食装入口袋，结扎袋口。比喻缄口不言。大地默默承载万物，日夜不停运转，生长出无尽的物质财富。

人们信赖大地，依靠它，将一切交给它。

大地默默承载，从不自我炫耀！

大地乐于奉献，从不索取回报！

大地恒久如一地敞开胸怀奉献一切！

大地这样令人钦敬的美德，人类有吗？为什么不向它学习呢？人类应该学习、修养大地这种沉稳雄浑的美德，不图虚名奢望，扎实、沉稳做人做事。这样虽得不到称赞，但能免遭祸患。大地从来默不作声，但金色秋天总是奉献出累累硕果！学习、借鉴大地这些美德，谨慎言语，慎重行动，可以避免灾祸。

如何做到谨言慎行呢？关键是把握住自己的立场，管好自己的言论与行为。按照"自重、自省、自警、自励"的要求，常怀律己之心，常润修身之德，自觉从各个方面严格要求自己。

《中庸》中说："慎乎其所不睹，恐惧乎其所不闻。莫见乎隐，莫显乎微，故君子慎其独也。"——君子就是在别人眼睛看不到的地方生活，也要谨慎小心；在别人听不到的地方生活，也要警惕注意；隐秘的事情，没有不被人发现的；细微的事情，没有不被显露出来的。所以，君子在个人独处的时候，也要谨慎警惕。

要注意把握好四个方面：一要慎微，就是要在小节方面保持高度警惕；二要慎独，人在缺少组织监督的情况下，往往容易放松要求，抱有侥幸心理，动邪念、犯错误，能否慎独，最能反映一个人的灵魂，这是衡量一个人道德水准和思想品德的试金石；三要慎始，端正动机，不该做的事，不越雷池半步；四要慎终，坚持一贯，持之以恒，做事不偏离正确方向与轨道。

括囊无咎亦无誉，谨言慎行避祸殃。

这个道理，您懂的。

五、甘于奉献，不居功

六五：黄裳，元吉。

象曰：黄裳元吉，文在中也。

《左传·昭公十二年》："裳，下之饰也。"遮蔽下体的衣裙，象征谦下。《广雅·释诂》："文，饰也。"王夫之曰："衣著于外，裳藏于内，故曰在中。"《书·益稷》："以五采彰施于五色，作服，汝明。"孙星衍疏："五色，东方谓之青，南方谓之赤，西方谓之白，北方谓之黑，天谓之玄，地谓之黄，玄出于黑，故六者有黄无玄为五也。"黄居"五色"

之中，象征中道。

黄寿祺、张善文在《周易译注》中写道："文在中：文，谓'温文'，与'威武'相对，亦喻'坤'德。《正义》：'既有中和，又奉臣职，通达文理，故云文在其中。言不用威武也。'"中和，不显眼。

第五种景象：穿着黄色裙裳垦荒种田。（古代由游牧向农耕过渡，人不去攻击动物了，但动物没有停止对人的攻击，人在垦荒种田时穿着黄色服装接近泥土的颜色，不会过分鲜艳，不会引起远处较大的动物的注意与袭击，有利于安全。）泥土呈"黄"色，为中色，是大地的本色。大地默默承载万物，发挥着巨大作用，但并不引人注意，原因在于大地有极大的包容性、亲和性、顺承性，甘于付出与奉献，不居功，不自伐，不索取，是"中和之道"的典型代表，大为吉祥（黄裳元吉）。因此，以周人为代表的古人喜欢黄色，认为穿不显眼的黄色衣裙吉祥。不过分表现自己，用中和的接近泥土颜色的黄色做一个不引人注意的下装，保持谦逊之德而获得大吉大利。坤卦之德贵在雌柔，宜守中道，无论是等级社会、利益集团、群众团体还是家庭，作为臣属、职员、妻子或家庭成员都要遵守坤德，当好配角，做好附属性的基础工作。有坚定可靠的基础或后方，社会才能和谐稳定，集团才能合作共赢，团体才能团结富有活力，家庭才能和睦快乐。

《文言传》说："君子黄中通理，正位居体，美在其中，而畅于四支，发于事业，美之至也。"孔子极赞"黄裳"之德，认为君子应该效法代表大地的坤的美德。您是否有这样的切身感受，在午后暖阳中，漫步在城市的街道上，或徜徉于成熟在望的乡村稻田间（有幸流连在三江大地收获在望的稻田中您会感受得更为真切），暖暖的阳光照射在浅米黄色建筑物墙体上，或成熟的稻田泛起一层层金色的波浪，金色的波浪又涌动成金色的海洋，您心中总是有暖暖惬意或舒缓的感觉，多舒服呀！

"黄裳元吉"给我们讲的道理,就是恪守温厚、亲和的"中和"之道,大吉大利。

这回知道了吧,为什么有的人人缘特好,人际关系特棒,无论干什么事都特顺。在大部分人眼睛直勾勾向"钱"看的今天,不谈钱,总会有人愿意帮助您!

这是秘籍!

也许有的人可能会说:"您说的不对!我就不听您讲的理!现代奥林匹克精神鼓励更高、更快、更强!我要竞争!我要拼搏!我要超越!我——怎么甘心屈居人后呢?我要当领导!怎么能让别人领导我啊!"

人奋发向上没错,不过超越了本位,不考虑自身的体能、特长、条件而去找一个强大的对手搏击会怎样呢?

那就看看坤卦上六爻说了一些什么,看看那有多可怕!

六、各居其所,各安其分

上六:龙战于野,其血玄黄。

象曰:龙战于野,其道穷也。

第六种景象:郊野争夺城邦之战。在古代,由野蛮向文明过渡,在郊野展开争夺城邦之战是家常便饭。要说明白龙战于野,得从什么是城说起。《说文》解释:"城:以盛民也。从土从成,成亦声。"士兵倚墙而恃,手持盾牌和戈守卫和保护居住着民众的地方为城。城外距离都城百里以内的生活为郊,郊之外或边邑、边鄙为野。周代天子统治的是"天下",约等于现在说的"全国"。都城为天子居住生活的地方,王侯一般在分封的国中居住生活,大夫一般生活在诸侯给他们分封土地的邑中,民众一般生活在乡野之中。各个阶层的人满足现状,各居其所,

第三章
坤卦——地道柔刚

各安其分，天下太平安定，是吉利的。如果诸侯、大夫、民众不安守顺承和辅助地位的本分，欲望膨胀过度突破极限，或王侯叛逆，或大夫造反，或民众揭竿而起，企图夺取天下，天子要组织军事力量守卫城郭，造反者要通过武装暴动夺取天下，当然要在郊野展开激烈的搏杀，流血漂橹不可避免，无论谁失败，结果都将十分惨烈。群雄角逐，成者为龙，为天子；败者为贼，为寇，为阶下囚。这场搏杀，将是人类历史上最惨烈的搏杀。日常生活中，暴风雨来临之时，狂风大作，沙尘飞扬，暴雨倾盆，天地间一片玄黄。古代夺取天下的军事战争往往狂沙飞扬天昏地暗。上下交战，死伤流血，浸染泥土，结果惨不忍睹，如果造反者的力量或权谋不足，必将陷入穷途末路之境。

晋朝八王之乱①用历史实践演绎了龙战于野的惨烈情状，堪称龙战于野的典型。

坤卦上六爻为阴盛之极的物象，阴盛之极而逼阳与之交战，有龙战于野之象。阴盛之极，群龙争首，可谓其血玄黄。不具备能力和条件，茫然参与争夺，结果惨烈，目不忍睹。八王之乱导致西晋灭亡的历史教训要注意汲取。

---

① 八王之乱是发生于中国西晋时期的一场皇族为争夺中央政权而引发的内乱，因皇后贾南风干政弄权所引发。这次动乱共历时十六年，分为前后两个阶段：第一阶段从元康元年（291年）三月到六月，持续三个月；第二阶段，从元康九年（299年）到光熙元年（306年），历时七年。其核心人物有汝南王司马亮、楚王司马玮、赵王司马伦、齐王司马冏、长沙王司马乂、成都王司马颖、河间王司马颙、东海王司马越八王。西晋皇族中参与这场动乱的王不止八个，但八王为主要参与者，且《晋书》将八王汇为一列传，故史称这次动乱为"八王之乱"。

"八王之乱"是中国历史上最为严重的皇族内乱之一，当时社会经济遭到严重的破坏，导致了西晋亡国及近三百年的动乱，使之后的中国进入五胡十六国（五胡乱华）时期。

七、发挥美德到极致

用六：利永贞。

象曰：用六永贞，以大终也。

怀才佐君利永贞，万事善终功不抢。

如何运用六爻指导工作和生活？需要注意将坤卦所揭示的美德发挥到极致，永远保持正直，则亨通顺利，做事会有圆满的结果。在成功面前不居功，将有好的结果。

纵观坤卦所开示的各种情形，在人类文明发展史上首先提出"中道"思想范畴，在需卦、小畜卦等多处提及，随处可见。用这一重要哲学思想指导处理实践中遇到的问题，是儒家的重要法宝。这一思想，由孔子倡导、子思阐发，形成提高人的基本道德、精神修养以达到天人合一、太平和合神圣境界的一整套理论与方法，经儒家实践升华提炼为中庸之道，即君子之道，是儒家修行的精要。

明朝还初道人洪应明编著论述修养、人生、处世、出世的语录集《菜根谭》，乃旷古稀世的奇珍宝训，对于人的正心修身、养性育德，有不可思议的潜移默化的力量。《菜根谭》云："君子德行，其道中庸"——清能有容，仁能善断，明不伤察，直不过矫，是谓蜜饯不甜，海味不咸，才是懿德。在此，我们不妨对中庸之道有个基本的了解，这是解开坤卦奥妙的核心，也是解读《易经》诸卦之奥妙的关键之一。

所谓的中庸之道，人们常指"不偏不倚，折中调和的处世态度"，这种说法有失偏颇。《论语·雍也》："中庸之为德也，其至矣乎。"过去的学者没有对其精准解释到位，其精髓是：

第一，中庸之道核心思想：正确认识掌握规律，按规律办事，处理问题掌握好度，恰到好处为宜。《中庸》第一章："天命之谓性；率性之谓道；修道之谓教。道也者，不可须臾离也；可离，非道也。是故君子戒慎乎其所不睹，恐惧乎其所不闻。喜、怒、哀、乐之未发，谓之中。发而皆中节，谓之和。中也者，天下之大本也。和也者，天下之达道也。"程颐曰，"不偏之谓中，不易之谓庸"。中者，天下之正道（纯正的客观规律）。庸者，天下之定理，即恒定不变的义理。

第二，掌握运用中庸之道须把握三条主要原则：一是慎独自修而不妄，二是忠恕宽容广开视听，三是至诚尽性掌握规律。教育人们自觉地进行自我修养、自我监督、自我教育、自我完善，把自己培养成为具有理想人格，达到至善、至仁、至诚、至道、至德、至圣、合外内之道的理想人物，共创"致中和，天地位焉，万物育焉"的"太平和合"境界。

第三，中庸之道运用"五达道"调节五种天下通行的人际关系：君臣、父子、夫妻、兄弟及朋友的交往。《中庸》第十二章详细论述了夫妇的人际关系，将夫妇关系提到了非常高的地位。其文云："君子之遇而隐。夫妇之愚，可以与知焉；及其至也，虽圣人亦有所不知焉。夫妇之不肖，可以能行焉；及其至也，虽圣人亦有所不能焉。君子之道，造端乎夫妇，及其至也，察乎天地。"第十三章论述了父子、君臣、夫妻、兄弟、朋友之达道。通过正确处理这五种人际关系，达到太平和合的理想境界。

第四，中庸之道运用"三达德"调节人际关系：智、仁、勇是天下通行的品德，是用来调节君臣、父子、夫妻、兄弟和朋友之间的关系的。智、仁、勇靠什么来培植呢？靠诚实、善良的品德意识来培植加固。所以《中庸》第二十章阐明道："天下之达道五，所以行之者三。曰：君臣也，父子也，夫妇也，昆弟也，朋友之交也。五者，天下之达道也。知、仁、勇三者，天下之达德也，所以行之者一也。或生而知之，或学而知之，或困而知之，及其知之，一也。或安而行之，或困而行之，或勉强而行之，及其成功，一也。"子曰："好学近乎知，力行近乎仁,知耻近乎勇。知斯三者,则知所以修身;知所以修身,则知所以治人;知所以治人,则知所以治天下国家矣。"无妄卦、困卦、蹇卦、艮卦、兑卦等从不同角度揭示了这方面的道理。

第五,中庸之道运用"九经"来治理天下国家以达到太平和合的境界。《中庸》云:"凡为天下国家有九经,曰:修身也、尊贤也、亲亲也、敬大臣也、体群臣也、子庶民也、来百工也、柔远人也、怀诸侯也。""修身,则道立。尊贤,则不惑。亲亲,则诸父昆弟不怨。敬大臣,则不眩。体群臣,则士之报体重。子庶民,则百姓劝。来百工,则财用足。柔远人,则四方归之。怀诸侯,则天下畏之。"

《易经》蛊卦、大畜卦强调"尚贤"的重要性;师卦与既济卦明确强调"小人勿用";比卦揭示比辅亲民的道理;同人卦揭示怀柔远人的道理;屯卦、比卦、豫卦对怀柔诸侯的道理有所揭示。掌握和运用中庸之道,要有"戒慎恐惧"的功夫,要求君子能在人家看不到的生活中也常警戒谨慎,在人家还没听闻时也常唯恐有失,在言行上常要如履薄冰,经常自我警惕,治国者当以此自勉。蹇卦"山上有水,蹇。君子以反身修德"。震卦"洊雷,震。君子以恐惧修省"。以上诸卦揭示强调的就是要加强"戒慎恐惧"功夫的修养。

讲到这里,我们来看看黄寿祺、张善文所著《周易译注》中关于坤卦洁静精微的总论与阐释——《周易》以坤卦继乾卦之后,寓有"天尊地卑""地以承天"的意旨。全卦大义,在于揭示"阴"与"阳"既相对立、又相依存的关系。在这对矛盾中,"阴"处于附从的、次要的地位,依顺于"阳"而存在、发展。就卦象看,坤以"地"为象征形象,其义主"顺"。卦辞强调:利于"雌马"之"贞","后得主"以随人,获吉于"安贞",均已明示"柔顺"之义。六爻进一步抒发"阴"在附从"阳"的前提下的发展变化规律:二处下守中,五居尊谦下,三、四或"奉君"或"退处",皆呈"坤、顺"之德,而以二、五最为美善;至

第三章
坤卦——地道柔刚

于初六"履霜"与上六"龙战",两相对照,又深刻体现了阴气积微必著、盛极返阳的辩证思想。《系辞上》曰:"一阴一阳之谓道。"《周易》一书发端于乾、坤两卦,正反映了作者对阴阳辩证关系的具有一定深度的认识;换言之,作者似乎流露出这样一种观点:阴阳两种力量的相互作用,是宇宙间事物运动、发展、变化的源泉。

第五节

积善远恶、修养美德才会家和国兴

《文言传》云:"积善之家必有余庆,积不善之家必有余殃。"

《道德经》云:"祸兮福之所倚,福兮祸之所伏。"

《菜根谭》云:"善根暗长,恶损潜消。"

这些理,我们耳朵都快听出茧子啦,真有这样神奇的作用吗?

《文言传》曰:"坤至柔而动也刚,至静而德方,后得主而有常,含万物而化光。坤道其顺乎,承天而时行。积善之家必有余庆,积不善之家必有余殃。臣弑其君,子弑其父,非一朝一夕之故,其所由来者渐矣。由辩之不早辩也。"《易经》曰:"履霜,坚冰至。"盖言顺(本义指梳理头发,此处指"沿,循")也。"直"其正也。"方"其义也。君子敬以直内,义以方外,敬义立而德不孤。"直方大,不习,无不利。"则不疑其所行也。阴虽有美,"含"之以从王事,弗敢成也。地道也,妻道也,臣道也。地道"无成"而代"有终"也。天地变化,草木蕃。天地闭,贤人隐。《易经》曰:"括囊,无咎无誉。"盖言谨也。君子"黄中"通理,正位居体,美在其中,而畅于四支,发于事业,美之至也。阴疑于阳必战,为其嫌于无阳也,故称"龙"焉。犹未离其类也,故称"血"焉。夫"玄黄"者,天地之杂也。天玄而地黄。

这段话是说:广袤无垠的大地极其驯顺温和,但它运行起来却是刚健无比；它极其娴静缄默，但它驯顺柔美的品德流布四方广泛受益。地道的特性是甘于居后而得到天道的主宰，能够正确处理好主宰与附属的关系，发挥顺承与辅助的作用，具有生养万物之德而有规律性（常）可遵循。它包容万物，承载万物生长，其生化作用广大无比。大地体现的美德多么驯顺柔美啊！顺承自然（天）之道而依循四时运行（时行），一年四季呈现出不同的景色。

积累善行的人家，必有不尽的吉祥；积累恶行的人家，必有不尽的灾祸。以下犯上，臣子弑杀国君，儿子弑杀父亲，并不是一朝一夕形成的，出现这种局面，有着逐渐演化的过程，是逐步发展的结果。之所以出现这种情况，是由于君王、儿子的父亲没有预判与防备之心，不曾早早辨别清楚真相。坤卦说："脚踏在薄霜上，就预知到坚厚的冰层快要冻结成了。"比喻阴柔事物发展转化成险恶事件是一种循序渐进的趋向，要善于根据眼前细微的征兆预判事物发展的趋势或方向，防范可能出现的问题。

"直"体现着品性纯正端方的正直，"方"体现着行为遵循一定的法则。君子要善于以纯正端方的品性加强个人内在的自我修养，通过恭敬谨慎来矫正思想上的偏差；善于用法则与伦理来规范社会交往中的外在行为，以道义的法则来规范外在行为上的悖乱。如果人人以"直"与"方"的道德规范严格自律，胸怀虔敬、道义之心，就能使美德在社会上广泛流布而不孤立（德不孤）。这是做人拥有驯顺柔美德行的内在基本要求。君子效仿大地，拥有正直、方正、广博的胸怀和品格，如果通过修炼拥有了这些美好的品德，纵然不为人们所了解，也没有什么不利的，因为人们不会怀疑他的行为。

"阴"比喻臣子，虽有美好的德行，但宜深藏含隐，从而服务于君王，而不自居有功。这是地道的原则，也是妻道的原则，同样是臣道的原则。地道不能单独地完成生育万物的功业，地顺天的道理表明成功不归己有而要替天效劳、奉事至终。这是为什么呢？《周易集解》引宋衷曰："臣子虽有才美，含藏以从其上，不敢有所成名也。地得终天功，臣得终军事，妇得终夫业，故曰'而代有终也'。"

天地阴阳之气交合变化，催发草木滋生、繁衍、茂盛；天地阴阳之气阻隔不通，世道乖隔，贤人就会隐退。坤卦说："扎紧了口袋，如缄口不言。免遭咎害，也不求赞誉。"意在谨慎。

君子的美好品德，好比黄色，中和、通达事理，身居正确、恰当的位置，才美蕴含在内心里，流畅在四肢，表现在行动上，扩大在事业中，这是最为美好的美质，达到了至高的境界。

阴的势力对阳的势力产生怀疑，必然发生争斗冲突。因为阴极盛而嫌弃自己没有阳刚因素，所以把极致之"阴"一并称作"龙"。其实阴并未脱离其属类，所以又称为血，血即阴类。所谓玄黄，天玄地黄，是天地交相混合的色彩。这是一个比喻，说明处于主宰地位的君王或领导与处于附属依从关系的子民要摆正位置，处理好相互关系，否则，具有阳刚之性的统治者与具有阴柔之性的臣属子民一旦发生矛盾，下面怀疑上面、抵触上面，就会发生混乱的斗争。

争斗之端，起于疑惑之心。阴与阳配合，创造生命的奇迹。阴与阳若不相亲和，天下将陷于纷争。

泱泱中华称为中国，是讲究"中和之道"（即中庸之道）的国家，文明源远流长，民众有着正确的善恶观，这是团结凝聚民众的核心所在，体现着人们的价值取向和人生追求。《文言传》揭示的善恶观充满深刻的辩证思想：

一是恶小不积身不灭，善小不积名不扬。《系辞下》曰："善不积不足以成名，恶不积不足以灭身。小人以小善为无益而弗为也，以小恶为无伤而弗去也，故恶积而不可掩，罪大而不可解。"说的意思是，不做大量有益的事情就不能成为一个声誉卓著的人，不干坏事就不会成为毁灭自己的人。品行不好的人认为，一般的好事对自己来说没有多大益处而不去做，认为一般的坏事对自己来说没有多大损害而不去改正。所以坏事做多了而无法回避责任，罪恶大了也无法得到宽恕。分析一些人所犯的错误，最初都是从一些不起眼的小事开始，日积月累，由小到大，最后酿成了大错，遗恨终生。任何人都要引以为戒，在所谓的小事面前注意把握好自己，从一言一行做起，严格要求自己，切实防微杜渐，防患于未然。

二是积善之家有余庆，不善之家有余殃。庆为"福"，殃为"灾祸"。中华传统文化教育，是以儒、释、道三家为主流。儒、释、道三家都非常重视因果。"积善之家，必有余庆；积不善之家，必有余殃"，就是从因果关系的角度进行分析，积累善行善德的家族，福报不会断绝，家族的后代也会承受福报。常常做不善之事的家族，会经常发生灾祸，甚至连累后代。"不以善小而不为，不以恶小而为之"，一个家庭的兴衰与道德素养培植有直接的关系，很多家庭出现的不幸与此有着必然的关系。好事做得多了善根就不断地增长，福报就越大越多，家庭就会和谐富足，精神和物质都会得到极大的丰收。坏事做得多了，日久天长，罪恶积盛，总有一天爆发，到那时为时已晚。善的世界是博大的，善的力量是无边的，善可以得到善的回报。

"积善之家，必有余庆。积不善之家，必有余殃。"关于这个问题，《周易正义》有更精辟的阐释："臣弑其君，子弑其父，非一朝一夕之故，其所由来者渐矣，由辩之不早辩也。《易》曰：'履霜，坚冰至'，盖言顺也。孔颖达疏：'其所由来者渐矣'者，言弑君弑父，非一朝一夕率然而起，其祸患所从来者积渐久远矣。'由辩之不早辩'者，臣子所以久包祸心，由君父欲辩明之事，不早分辩故也。此戒君父防臣子之恶。'盖言顺'者，言此'履霜，坚冰至'，盖言顺习阴恶之道，积微而不已，乃致此弑害。称'盖'者是疑之辞。凡万事之起，皆从小至大，从微至著，故上文善恶并言，今独言弑君弑父有渐者，以阴主柔顺，积柔不已，乃终至祸乱，故特于坤之初六言之，欲戒其防柔弱之初，又阴为弑害，故寄此以明义。"

其实，关于福与祸辩证关系的认识，老子深刻认识到"祸兮福之所倚，福兮祸之所伏。"韩非子《解老第二十》对此进行了深刻揭示："人有祸，则心畏恐；心畏恐，则行端直；行端直，则思虑熟；思虑熟，则得事理。行端直，则无祸害；无祸害，则尽天年。得事理，则必成功。尽天年，则全而寿。必成功，则富与贵。全寿富贵之谓福。而福本于有祸。故曰：'祸兮福之所倚。'以成其功也。人有福，则富贵至；富贵至，则衣食美；衣食美，则骄心生；骄心生，则行邪僻而动弃理。行邪僻，则身夭死；动弃理，则无成功。夫内有死夭之难而外无成功之名者，大祸也。而祸本生于有福。故曰：'福兮祸之所伏。'"

对此，我作了一首《福祸歌》：

福祸相倚而相因，自然中正无妄心；

吝凶悔吉端动机，福祸从来由内心；

柔正知足远灾祸，偏枉贪婪欲焚身；

素朴淡定与人善，奉献少取结福音。

《菜根谭》云："善根暗长，恶损潜消"——为善不见其益，如草里冬瓜，自应暗长；为恶不见其损，如庭前春雪，当必潜消。"恶小不积身不灭，善小不积名不扬""积善之家有余庆，不善之家有余殃"揭示了善与恶的辩证关系与因果轮回关系，其核心是启示人们人心向好、人心向善，从细微处积累，积善远恶，才会家和国兴，增强凝聚力。

可以看出，道德修身，积善远恶，经世济民，是《易经》的主线。

两卦的解读揭示一阴一阳之谓道，阴阳交合衍生万物，历史发端于阴阳相互作用。人类文明也起源于阴阳交合作用。

现代哲学家冯友兰在《中国哲学简史》中说，所谓的"阳"，本义是阳光，或任何与阳光相连的事物。"阴"的本义则是指没有阳光的阴影或黑暗。后来，它们的含义逐渐发展成为宇宙中的两种相反相成的力量。阳代表男性、主动、热、光明、干燥、坚硬等；阴则代表女性、被动、冷、阴暗、柔弱等。宇宙一切现象都是由矛盾对立统一着的阴阳两种因素、两种力量的相互作用而产生的。

乾元阳刚主生发创造，坤元雌柔厚德载物堪当负载，二者乃阴阳对立统一，相辅相成，共同创造衍生了万事万物。

定位是根本性的问题，是人生的大问题，也是做任何事业的大问题，其核心：一是位置，也叫定位，要适当；二是角度，从哪个点或面看问题与分析问题，要准确；三是立场，认准的合理目标，要坚定追求；四是原则，在大是大非面前，原则性要鲜明。

《易经》诸卦诸爻就是揭示这些方面的问题。人生成长，衍物干事，都要定位准确，把握好方向，秉持做人做事的根本原则，时刻加强美德修养，才能成就完美的人生，成就所追求的事业，奠定人类文明绵延不绝的根基。

坤卦警语箴言

坤卦地道柔而刚　　厚德载物广蓄养
牝马柔顺坚贞固　　臣妻宜正亦端方
恪守中道利永贞　　广蓄美德人敬仰
履霜坚冰微知著　　识远绸缪高素养
直方广大无不利　　地广德厚发热光
内蕴美德守正道　　无成有终智慧广
括囊无咎亦无誉　　谨言慎行避祸殃
黄裳元吉守中道　　龙战于野血玄黄
怀才佐君利永贞　　万事善终功不抢
恶小不积身不灭　　善小不积名不扬
积善之家有余庆　　不善之家有余殃
乾元创造坤负载　　阴阳为朋变万方
诺亚方舟乃神话　　万古历史起阴阳

第四章

屯卦——始生之难

第一节

开创基业难中难

种子萌芽破土乃为"屯",脱茧成蝶,展现精彩,成就事业,必须由生命体的内在驱动力促成飞跃。

开创基业难中难,您知道需要打好哪五张牌么?

时光倒流,穿越历史,现在我们追溯远古,看看仓颉造字时用"屯"表示什么意思?

《金石大字典》:古文字图形均为植物种子萌生、破土而出之形。

《古代汉语字典》中说:"屯的篆文是象形字,由表示平地的'一'和表示像草木由地面曲折冒出的'屮'(chè)组合而成,指像草木初生艰难而又曲折的样子。"《说文》说:"屯,难也。象艸木之初生,屯然而难,从中贯一,一地也,尾曲。""一"指地面。"屮"像草木初生的卷曲包裹之形。"象艸木之初生"是造字的本义;又因物初生而多艰难,遂引申为"难"义与"聚集"之义。在甲骨文、金文、篆文中,"屯"是一个象形字,描绘的是幼苗破土而出的状态,"屯"字中的一折代表幼苗的根,表示幼苗正处于初生阶段。《广雅·释诂三》曰:"屯,聚也。"朱熹曾云:"屯是物之始生,像草木初出地之状。其初出时,欲破地面而出,不无龃龉艰难,故当为经纶。"所以说,"屯者,物之初生也。"

你看，它多么形象，多么直观，又多么深刻地体现出事物新生时的艰难！

"屯"字的"一"横，犹如坚硬的大地表层横亘在那里。"屮"为了冲破阻力生长出来，下面的根必须深深扎入土中才能获得向上生长的力量。其中，至少有两种艰难需要突破，一是向下扎根打基础；二是冲破封锁与阻碍实现发展目标。

"屯"卦基本卦象组合是"水雷屯，坎上震下"——从卦象上可以看出，坎在上为云代表险，震在下为雷代表动。浓云密布天空，春雷贯彻天地，当然会下起淅淅沥沥的雨，雷震雨润，绵绵春雨滋润大地，泥土中的种子受到雨水滋润，自然萌芽破土而出，突破蒙昧的桎梏，大地呈现一派生机勃发的春（萅）天景象。

将"万物始生"之事类比到社会政治、军事、经济活动中，比喻什么事最恰当呢？

屯卦象辞："**屯，刚柔始交而难生，动乎险中，大亨贞。雷雨之动满盈，天造草昧，宜建侯而不宁。**"——屯卦由物象之难类比事业之难。屯卦的卦象为坎上震下，象征万物初生、事业初创之时，面临着重重艰难险阻。像种子萌芽，破土而出，稚嫩柔弱的生命刚刚诞生会面临多重险难阻碍，萌生、破土多有艰难，所以有艰难之意。

何谓刚柔始交而难生？刚柔系指阴阳，事物"初生"之际，正是阴阳始交之时，此时必多艰难。《周易正义》曰："以刚柔之气始欲相交，未相通感，情意未得，故'难生'也。若刚柔已交之后，物皆通泰，非复难也。"

"动乎险中"，为什么还能"大亨贞"？动，指雷动彻云下，为下震；险，指云积于雷上之天，为上坎。值此之时，坚守贞正之道，才至为亨通。在创业之始，任何侥幸、非分的想法都可能导致事业夭折。

雷雨之动满盈是什么情况？雷雨交加并作，充盈天地，以此之象譬

第四章
屯卦 —— 始生之难

喻刚柔始交、物之萌生时的"氤氲"情状。王弼注："雷雨之动，乃得满盈，皆刚柔始交之所为。"

天造草昧是什么状态？草，草创；昧，冥昧。《周易正义》说："言天造万物于草创之始，如在冥昧之时也。"

"水雷屯"与代表破土而出萌生的"幼苗屯"是什么关系呢？《说卦》有言："雷以动之。雨以润之。"刚柔始交生成难，大亨贞正动险中。雷雨并作，阴阳摩荡，刚柔始交催生新事物处于异常艰难的境地。雷雨震动能够催生生命。"雷雨震动盈天地，天始造化万物萌。"雷雨震动充满天地之间，天始造化，万物萌发。天地氤氲，雷雨并作，为植物萌芽破土而出创造了外在的环境和条件。

鸡蛋从外部打破是食物，从内部打破是生命！

其实任何种子都是这样。脱茧成蝶，展现精彩，成就事业，必须由生命体的内在驱动力促成飞跃。

自然界中的植物是这样，由此类比社会生活中的什么事与之相像呢？"宜建侯"——适宜于天子封侯授国或命新侯嗣位，但这将不会安宁。

这是为什么呢？

坎上震下物初生，始生之难千万重。

世间万物，始生艰难。既然难，做起来当然不安宁，那就要准备充分。沉稳，扎实，目标合理，重视基础，方向正确，善于根据形势变化动态调整目标和策略，不存在任何侥幸心理。这话可不是随便说说闹着玩的，诠释屯卦的字字句句都是真金白银、真刀真枪、真拼实干，在残酷的市场竞争与搏杀中换来的。

经历过创业和正在创业中的人，知道这其中的艰难。

要想干大事，必先修于心，而后外役于物。

心不修者，所说的做大事还不如游山玩水。

这样自己不会经历失败的创伤，也不会给别人乃至社会添负担和麻烦。

否则，事物纷繁变乱及种种意想不到的突发事件及结果都是一般人心理难以承受的。

凭一时鲁莽之性，办企业、经商、投机倒把，很可能会破产导致家破人亡，从此一蹶不振。

创业是成功还是失败，是硕果累累还是倾家荡产，在开始的时候，就埋下了"种子"。

对于开创新事业的人来说，创业刚刚开始百端待举，谋划行动于险难之中，追求盛大、亨通的发展目标，必须恪守贞正的品格。这是在物质准备之外更高精神层面的要求。

不绕弯，说得直白具体点，要有本领打好五张牌：

第一张牌：要有必要而充分的思想和心理准备。这是成就事业必备、首要的基础条件，也就是定力，比物质准备更重要。对成功与失败的结果都能坦然接受，当成功来临时不乐极生悲，当面临失败或挫折时不垂头丧气萎靡不振。做不到这一点，将很难承受种种意想不到的重大挫折、打击、失败的考验和磨难；面对重大抉择时将束手无策；当大灾大难来临时，会走投无路。

这一关，是修身养性的第一关，是成功者与失败者的分水岭，也是成功与失败的试金石。

第二张牌：要对始生之难高度重视。对开创新事业的艰巨性、长期性、复杂性必须有充分的认识，对于可能面临的种种龃龉与阻碍要有良好的承受能力与应对能力及应对之术。一蹴而就或天上掉馅饼的事没有！即使有，也还不知道有什么样的风险藏在后面呢！

第三张牌：要高度重视基础。坚实的基础是事业发展的可靠保证，因为没有基础的空中楼阁是虚幻的泡影。

第四张牌：要端正动机设立合理的发展目标。随着形势和客观环境的变化，要善于唯变所适，动态调整，否则事业发展将陷入异常被动的境地甚至失败，人生将陷入困境。

第五张牌：要团结互助和谐共富。任何事业的成功都是集体的成功，是团结的成功，是合作的成功，团结互助合作是团队生存、事业发展的内在需求，是宝贵的原动力，要珍惜，要最大限度发挥其效能。"一根筷子容易断，十根筷子断就难"。筷子不断，就有饭吃，能生存，筷子断了，生存必然面临威胁。

这是决定创业生死存亡的五张王牌。

请谨记：如果游走钢丝的本领没练出来，千万别在钢丝绳上倒立！

就是世界最好的魔术师刚生个孩子，也不会让他襁褓中的婴儿去钢丝绳上倒立。

这五张牌怎么打？通过讲解屯卦，现为您揭开奥妙。您会认识到仅有商海实战还不够，理论学习也很有必要。

第二节

腹有经纶变简单

"君子以经纶"的奥妙尽在六爻中：现代商战波诡云谲，你会用"即鹿无虞""几不如舍""屯其膏，小贞吉，大贞凶"等古老的智慧破解现代困局吗？

屯卦卦辞为"屯：元，亨，利，贞。勿用有攸往，利建侯"。

屯卦象辞为"云雷屯，君子以经纶"。

解读"屯"之卦辞与象辞，首先有必要做相关解释。

"元，亨，利，贞"在乾卦中已经进行过解释，说明具有阳刚之性的天有"元始、亨通，能使物性和谐各得其利，又能使物坚固贞正得终"的四种美德。这四种美德体现在哪里？就体现在如何始生万物的"屯"中。

那么什么是经纶呢？《说文》解释："经，织也。""纶，青丝绶也。"以整理丝线比喻治国。这在《礼记·中庸》中有表述："唯天下之至诚为能经纶天下之大经，立天下之大本。"经纶就是创制立法，建立、治理国家。分封诸侯建立国家离不开经纶，离开经纶，国家建设与

第四章
屯卦——始生之难

管理就会混乱。

"屯"之卦辞与象辞开示的是：屯卦的卦象是坎（水）上震（雷）下，为雷上有水之表象，水在上表示雨尚未落，故释为云（云雷屯）。雷雨有元大、亨通、美畅、利物、贞正之德，云雷大作，是即将下雨的征兆，故屯卦象征初生。一般说来，处在险难之境宜静定自保，但是对于国家面临艰难险境之时，却利于建立或分封诸侯，由其开创功业解救国家危厄。这里开示的是天地初创，国家始建，正人君子应以全部才智投入到创建国家的事业中去。处于初生开创之时，不要急于发展，首先要立君建国，筹划治理国家大事。这是屯卦的核心启示。

分封诸侯，建立国家，开创事业面临重重艰难，可能遇到诸多风险，都是正常事，不管发生或遇到什么事，不必大惊小怪。淡定、从容，是必要的。那么，在开创新事业过程中应该注意哪些问题呢？

创立基业千难万难，腹有经纶就不难！

屯卦六爻以女子婚嫁、林中猎鹿等打比方，直观、形象、生动地开示创业过程中常常遇到的问题和道理。

初九：盘桓，利居贞，利建侯。

象曰：虽盘桓，志行正也。以贵下贱，大得民也。

唐代陆德明在《经典释文》中说："磐，本亦作盘，又作槃。马云：'槃桓（huán），旋也。'"盘桓其意为，徘徊，彷徨，踟蹰，回旋不进。

知道创业之初恪守贞正之道（利居贞）有多重要么？"贞"是《易经》中倡导的一个很重要的社会伦理规范，通常以"正"为训，适用于人事或政治领域，犹言行为守正，心志坚固，事必有成。《周易正义》云："初九虽徘徊不进，非苟求宴安，志欲以境息乱，故居处贞也；非是苟贪逸乐，唯志行守正也。"所以，乾卦对其四德之一的"贞"德，在《文言传》中云"贞者，事之干也""贞固足以干事"，六十四卦中出现的

"贞"，训为"正固"都解释得通。具体问题具体分析，也要注意不同环境下的细微差别。相当一部分易学专著将"贞"解释成占卜，文意解释起来颇为蜿蜒委曲，常常不得要领。

在解释各卦中的"贞"时，释为"正固"之意，我们就捕捉到了《易经》各卦的脉搏。如果偏离这个脉搏，就会误入占卜滥觞。

千选择，万选择，创立基业是一种艰难的选择。万事开头难，事业在初创时期面临的困难特别大，确立目标，谋划策略，筹措资源，组建队伍，建立管控机制，开拓工作局面或开疆拓土，一般人缺少决断力，也有的人贸然"上马"，操之鲁莽，难免徘徊不前。值此之时，只要能心智和操守贞正，仍然可分封诸侯建立邦国（利建侯），建功立业。虽然徘徊（盘桓）不前，但志向和行为纯正（志行正），只要能下定决心，深入基层，以谦虚的态度对待民众（以贵下贱），听取民众的心声或意见，忧民众之忧，解民众之苦，仍然会大得民心（大得民）。

这些道理，在实践中做得到，则开拓工作局面就有成效；如果做不到，工作就会陷入涣散局面。

六二：屯如邅如，乘马班如。匪寇婚媾。女子贞不字，十年乃字。
象曰：六二之难，乘刚也。十年乃字，反常也。

"邅"（zhān）为形声字，徘徊不前进。"班"指徘徊、回旋不进。《经典释文》引马融曰："难行不进之貌。"《古代汉语字典》中说："字"是会意字，由宝字盖和子上下两部分组合而成，指在屋子里生养孩子，字的本义指"乳也"，即生育孩子。《礼记·曲礼上》曰："女子许嫁，笄而字。"

始生之难徘徊不进（邅如），如同乘马盘旋不进（班如）。是盗寇（匪寇）吗？不是，是前来求婚（婚媾）的。面对求婚者，女子贞静自守，没有匆忙草率嫁人生子，经过漫长的十年考验才婚配生子（字）。阴

第四章
屯卦 —— 始生之难

柔乘凌阳刚之上，久待十年才婚配生子，这违背男尊女卑、男健女顺的常道，虽然现象反常，但不违背封建社会的延续种族的正理。如《周易正义》所说"反归于常"，这是一个比喻，说明创业之难与娶妻生子的艰难是相同的。

六三：即鹿无虞，惟入于林中，君子几不如舍，往吝。

象曰：即鹿无虞，以从禽也。君子舍之，往吝，穷也。

"即鹿"指走过去抓鹿，也就是逐鹿。从，指随行。在《说文》中，走兽总名称作禽。虞（yú），《古代汉语字典》解释为："古代管理山林水泽的官员"。马中锡《中山狼传》："虞人导前，鹰犬罗后。"《尔雅》："几（jī），近也。"《说文》："几，微也，殆也。"《古代汉语字典》：几，象形字，像矮小的桌案。指古代有靠背的一种坐具。本义指有危险的征兆，又泛指细微的迹象。"几不如舍"指接近不如舍弃。

狩猎追逐鹿时，由于缺少管山林之人的引导，致使鹿逃入森林中去。君子此时应及时放弃，如仍不愿舍弃，轻率地继续追踪接近，将有祸事发生或可能导致穷困。

出现这种情况，原因在于成功之心过于急切，有急躁冒进的情形。

反思自己的人生，看看周边的亲戚、邻居、朋友，在创业和经营管理过程中，有些创业者是不是也面临这种问题。有的人原先经营一家串店、火锅店之类的小店很红火，挖到第一桶金，有了资本原始积累，就飘飘然起来，要么重新租门脸开大饭店，要么改行经营从来不曾涉足的服装、建材、建筑等行业，自己不专业，还不请个明白人支着儿，结果赔得血本无归或倾家荡产。

如果您曾经历过创业而且您恰巧经历过失败或破产，您痛定思痛了吗？您重新调整了人生坐标了吗？您绝地反击了吗？

市场是无情、残酷的，大浪淘沙，在任何一场角逐中，被淘汰的，永远是那些不切合实际的人！

市场不相信眼泪。不是所有参与竞争的人都能丰享凯旋的盛宴。成功者寥寥无几。成功永远属于那些有胆识魄力准备充分又善于以变应变的人！

在茫茫人海中，您不一定一直是顺风顺水的幸运儿，但成功者的队伍中一定要有您的倩影。如果成功者的队伍中现在还没有您，不要着急，不要沮丧，更不要悲观失望。明白了屯卦所讲的道理，从现在开始努力吧！还等什么？与其在睡梦中沉沉死去，不如迎着明媚的朝阳英气勃发有个新的开始！

只要有新的开始，什么时候都不晚！

六四：乘马班如，求婚媾，往吉，无不利。

象曰：求而往，明也。

乘马盘旋，坚定不移地去求婚，这是明智之举，必然吉祥无不利。同样，在创业过程中，不合理的目标要舍弃，而合理的目标一旦确立，就要坚定不移执着勇敢地去追求，全力以赴，义无反顾，不忘初心，这将会吉祥如意，无往不利。

初心是什么心？就是充盈在骨髓中、流动在血液里的梦想或理想，是发自内心的追求。

您想放弃吗？

您能放弃吗？

您能放弃得了吗？

九五：屯其膏，小贞吉，大贞凶。

象曰：屯其膏，施未光也。

屯，囤积。《说文》："膏，肥也。"本义指油脂、脂肪。古人称凝结的油脂为脂，呈液态状的油脂为膏。泛指精华、财富或好东西。九五爻说的是，只顾自己囤积财富而不注意帮助别人是很危险的，那样做，办小事虽有成功的可能，办大事则必然会出现凶险。这样的人由于缺少助人为乐的精神难以得到众人的广泛支持与帮助。即使想有所作为，其前景也不大光明。由于有自私自利之心存在，创业团队可能会成为一盘散沙，只有和谐共富才能实现发展共赢。阿里巴巴董事局主席马云，在创业过程中很注重团队成员共赢共富，缔造了网络商业运营神话，同时，也培育了亿万富翁团队。

上六：乘马班如，泣血涟如。
象曰：泣血涟如，何可长也？

班如指盘旋不进的样子。"涟如"是指涟洳（rù），泪涕交流的样子。乘马盘旋不进，悲伤哭泣，泣血不止。这种状况怎能维持长久呢？出现这种状况原因何在？屯卦六爻所列明物象警示的道理值得反思与玩味。创生事物，要有合理的目标，要广泛动员组织有生力量，团结互助，行动步调一致，才可能获得成功。

第三节

打好基础再发展

> 创业奠基四个根本问题都是什么？再着急发财，慎选方向、强基固本、大得民心、忌轻率急功等四个方面的基础性工作也必须做到位，绝对不能马虎！

前文屯卦以捕猎、婚配生子等打比方，通过六爻泛泛涉猎了开创新事业可能遇到也应该注意的六个方面。现在，让我们像扁鹊、华佗一样深层次探寻创业过程中涉及的根本问题和原因。

毋庸讳言，经历过创业的人都会有切身体会，创业之初经历艰难龃龉是不可避免的。

千头万绪创大业，侯邦初创不安宁。

初创伊始，没有经验可借鉴，没有现成的模式可遵循，百端待举，纷繁杂乱，问题重重，是不可回避的现实，任何天真、侥幸的想法念头既可笑又经不起实践与现实的检验。

夯实创业基础需要注意四个根本问题：

第四章
屯卦 —— 始生之难

第一，慎选方向强根本，端正动机不妄动。

建侯兴邦，首先要确立国体、政体。创立企业，首先要确立企业体制、经营机制、发展战略。建立家庭，要有家族奋斗目标。现在诞生了许多家族企业，更是离不开对这个问题的思考。确立发展方向，端正发展动机是首要问题。选伴侣，要选互助共进型的，选事业合作伙伴，要适应战略择优选择。慎重选择发展与前进的方向，夯实发展的基础，端正发展的动机，不侥幸、不偏枉、顺势、应时而动。

第二，先打基础后发展，强基固本第一宗；万事难迈第一步，有条不紊莫急功；先打基础后发展，强基固本第一宗；不打基础建大厦，空中楼阁笑谈中。

基础和必要的保障都很重要，要重视先打基础，在合理的基础上有条不紊地发展，不要急于求成，这样才会顺利圆满，正如列宁所说："要成就一件大事业，必须从小事做起。"否则，像空中楼阁那样将为世人所笑。空中楼阁指悬在半空中的阁楼，比喻虚幻的事物或脱离实际的空想、不合实际的计划，也指虚构的事物。该成语出自佛教《百喻经·三重楼喻》：在很久以前有一位财主，非常富有，但生性愚钝，尽做傻事，所以常遭人嘲笑。他看见邻村的一位财主建造了一幢三层楼高的新屋，宽敞明亮，高大壮丽，心里非常羡慕，也想建一幢那样的楼。他派人请来工匠，问道："邻村新造的那幢楼，你们知道是谁造的吗？"工匠们回答道："知道，那幢楼是我们造的。"傻财主一听，非常高兴，说："好极了，你们照样子再给我盖一次。记住要三层楼的房子！"工匠们一边答应，心里一边嘀咕；不知这次他又会做出什么傻事来。可是不管怎样，还得照吩咐去做，大家便各自忙开了。一天，财主来到工地，东瞅瞅，西瞧瞧，心里十分纳闷，便问正在打地基的工匠："你们这是在干什么？""造一幢三层楼高的屋子啊，是照您吩咐干的。""不对，不对。我要你们造的是那第三层楼的屋子。我只要最上面的那层，下面那两层我不要，快拆掉。先造最上面的那层。"工匠们听后哈哈大笑，说："只要最上面那层，我们不会造，您自己造吧！"工匠们走了，傻财主望着房基发愣。他不知道，只要最上面一层，不要下面两层，那是再高明的工匠也造不出来的。

这个故事尖刻地嘲讽了饱食终日、一窍不通的财主，赞扬了木匠重视基础的求实精神。成语"空中楼阁"便是从这个故事来的，人们常用它来讥讽那种不切合实际的主观空想，或比喻脱离实际的理论、计划等。试想没有坚实的经济基础，怎么能够构建起先进的上层建筑呢？

第三，深入基层与群众，大得民心齐行动；团结互助前景好，步调一致才成功；团结群众力量大，依靠群众助成功。团结是胜利的首要前提，人只有在集体中才能得到充分发展和自由，因此，开创新事业要团结一切可以团结的人；团结一切可以团结的力量，建好队伍，打好人民战争，是一切基础工作之首。离开人，任何事业都无从谈起。

第四，固执偏枉当禁忌，轻率急功大事凶。明代还初道人洪应明编著的《菜根谭》，糅合了儒家的中庸思想、道家的无为思想和释家的出世思想。《菜根谭》云："中和为福，偏激为灾。"——躁性者火炽，遇物则焚，寡恩者冰清，逢物必杀。凝滞固执者，如死水腐木，生机已绝，俱难建功业而延福祉。可见，稳健慎进才是比较理想的状态。

第四节

远离诱惑，保持初心

> 与婚媾娶妻生子一样，初创事业同样面临许多诱惑与考验，坚持贞正的态度和原则，不茫然或贸然从事，将会非常有利。

非寇乘马盘求婚，十年相许因贞正；坚定不移勇追求，元亨利贞事亨通。

六二爻辞为"屯如邅如，乘马班如。匪寇婚媾。女子贞不字，十年乃字"。象辞为"六二之难，乘刚也。十年乃字，反常也。"意思为，感到为难而团团转，乘马旋转不进，不是盗寇，是来求婚的。女子贞静自守，不嫁人，经过十年考验才婚嫁生子，因为是要找个般配的好人家好对象。以此喻示目标很重要，初创事业选准目标、坚持贞正很重要。不盲从贸然行事，必有好结果。与婚媾娶妻生子一样，初创事业同样面临许多诱惑与考验，坚持贞正的态度和原则，不茫然或贸然从事，将会非常有利。

相当一部分企业由于战略伙伴选择不慎重，或在经营过程中存在贪图便宜与侥幸心理，或被利益诱惑抗拒不住膨胀的欲望，盲目追求"强强联合"，结果被坑蒙拐骗而导致破产，这种教训不能不吸取。多少企业股改上市变现脱壳而逃即是明证，这套"鬼把戏"在股票市场上一再重演着。

第五节
明白舍弃之道，适当调整目标策略

在创业之初，处理好舍弃与追求的关系，把握好发展机会，是一个非常重要的问题。既要有基本规划和目标，又要随着环境和形势发展变化而动态调整目标与策略，才能焕发经营活力。

事业初创并不会一帆风顺。开创新事业，确立了发展目标，选择了发展战略与经营机制，有利于引导事业朝着既定的方向发展。随着形势与环境的发展变化，既定目标可能高，可能低；发展战略可能科学适当，也可能跑偏或不切合实际；经营机制可能科学也可能存在不科学不合理的内容。从科学发展的角度看，进行适当的动态调整是必要的，该舍弃的舍弃，该调整的调整，时刻校正前进的方向和坐标非常重要。否则，违背发展变化的规律，在错误的道路上越走越远，将走上"死路"或"绝路"！

在创业过程中，"君子以经纶"。也就是要善于从以上诸方面，谋划发展的大政方针与策略，把握好发展方向，掌好舵。确立合理的发展目标，选择正确的发展道路，科学决策，动态调整，选择科学的经营机制，是初创时期的头等大事。这一点主要是针对负有领导和管理责任的"舵手"（决策者）而言的。

为了阐释这个问题的重要性，屯卦用打猎"鹿入林中莫急追，相机取舍远祸凶"打比方，形象、生动、深刻，说服力强，说明"逐鹿林中无向导，如不舍弃将困穷"，具有引人注意的警示效果。

屯卦六三爻爻辞为"即鹿无虞，惟入于林中，君子几不如舍，往吝"。象辞为"即鹿无虞，以从禽也。君子舍之，往吝，穷也"。即鹿，意指逐鹿，引申为追猎禽兽。虞，是古代掌管山泽的官。几，本义指有危险的征兆，又泛指细微的迹象，为见几（通机）而作之意。追猎禽兽，但没有掌管山泽的官引导，禽兽逃入森林深处，如果穷追猛打猎获不到手，那就不如忍痛割爱舍弃，因为山连山，谷连谷，林深草密，进入陌生环境，陷入沟壑、沼泽等地险之中，或遇到豺狼虎豹等难以猎获动物的攻击，将自己陷入困穷之地，存在的危险是多方面的——或者体力消耗过大，或者迷失路途，或者陷入地险之境，或者遭受猛兽攻击而伤亡。君子应知道取舍之道，见机而作，此时如仍不愿舍弃，因为获猎之心过于急切，轻率地继续追踪，则必然会在深山里迷路发生祸事或导致穷困。

以林中逐鹿"几不如舍"喻示舍弃之道。

取舍之道给人以启示，取与舍要相机而动，关键要明判形势，看准机会，掌握成功的概率。该取，当仁不让；该舍，果断舍弃，绝不迟疑。懂得放弃，善于放弃，敢于放弃，才能获得新的拥有。不仅要知道什么事可做，还要知道什么事不可做。面对不可为的事情，一定要明智地选择放弃。放弃不是心血来潮时的随意之举，更不是无可奈何的选择，放弃无望的守候，重新选择，会带来新的机遇。该放弃的东西，一定不要吝啬，即使是忍痛割爱。尤其在事业初创战略决策方向跑偏或目标不切合实际的时候，科学的态度是审时度势，及时进行必要的战略调整，矫枉纠偏，该舍弃的坚决舍弃，否则，在歧途上越走越远，最终将步入覆灭的境地。

据《史记》记载，秦末，东阳（今安徽省天长市）少年推举陈婴为王，陈婴知道自己几斤几两，认为不足以担当重任，推辞了做王的动议，可作为爻义的佐证。

哪里有压迫，哪里就有反抗。秦王朝的残暴统治导致了农民起义。随着陈胜、吴广揭竿而起，天下四处响应，群雄骤起，烽火连天，反对秦王朝的起义此起彼伏。东阳县有一群少年英雄也自发地组织起队伍，杀掉县令，举起反秦的义旗。起义队伍和群众一致推举陈婴称王。陈婴母亲认为时局动荡称王容易招致祸害反对其称王，他接受母亲意见，拒绝称王，经征求大家意见，决定放下称王的意图，带领其麾下两万余人的队伍投奔项梁、项羽叔侄的队伍，一起进行反抗暴秦斗争。

该放下的放下，才能腾出手，抓住属于自己的机会，抓住属于自己的事业，抓住真正属于自己的快乐和幸福。

这个道理，您明白吗？

由此可见，在创业之初，处理好舍弃与追求的关系，把握好发展机会，是一个非常重要的问题，需要有敏锐的眼光，也需要有聪慧的决断力，这是"舵手"异于他人的关键所在。

第六节

摒除私心，和谐共富

> 一根筷子容易断，十根筷子断就难。
> 任何事业的成功都是集体的成功，是团结的成功，是合作的成功，而不是单打独斗的成功。个人英雄主义可逞一时之能，但终非长久之计。

一根筷子容易断，十根筷子断就难。

任何事业的成功都是集体的成功，是团结的成功，是合作的成功，而不是单打独斗的成功。个人英雄主义可逞一时之能，但终非长久之计。屯卦在九五和上六两爻列举了两种情形，警示创业者要高度重视以下几种情况。

一要重视：摒除私心与小我，和谐共富可共赢。

"九五：屯其膏，小贞吉，大贞凶。象曰：屯其膏，施未光也。"说的是，只顾自己囤积财富而不注意帮助别人是很危险的，那样做，办小事虽有成功的可能，但办大事则必然会出现凶险。这样的人即使想有所作为，其前景也不大光明。干大事，需要万众一心，同舟共济，绝对不能单打独斗。单打独斗，或忽视集体的智慧和力量，强调个人英雄主义逞能，创业团队将成散沙，只有和谐共富才能实现发展共赢，集体的胜利才是真正的胜利。因此说：

自己发财不助人，小贞吉利大贞凶；

囿于私心无大局，发展前景不光明；

自私小我涣散沙，和谐共富可共赢。

和谐共富，是《易经》中一个重要思想。《易经》在小畜卦与泰卦中也进行了阐述。在小畜卦中，"九五：有孚挛如，富以其邻。"象曰："有孚挛如，不独富也。"——具有诚信的德行与别人紧密联系并互相帮助，处理好邻里关系，不独自享受富贵，自己致富也要使邻人跟着一同富起来。一方面，不断增长物质财富；另一方面，诚信与乐于助人的美德相得益彰。在泰卦中，"六四：翩翩，不富以其邻，不戒以孚。"象曰："翩翩，不富皆失实也；不戒以孚，中心愿也。"像飞鸟从高处联翩下降，虚怀若谷，说明此时不以个人的殷实富贵为念，与邻居相处，不互相戒备，彼此以诚相见，讲求信用，因为这是大家内心共同的意愿。可见，和谐共富是吉利通达之道。否则，可能招致邻人的忌妒和仇杀，或遭遇匪寇与劲敌劫杀而邻人并不相助。

二要重视：团结互助前景好，步调一致才成功。

"上六：乘马班如，泣血涟如。象曰：泣血涟如，何可长也？"汽车发明之前，马车一般是由四匹马拉一挂车。在 20 世纪 50 到 80 年代，在我国农村和城镇随处可见这种马车。在后面驾辕的叫辕马，前面并排三匹马，面朝前方，靠左的叫内套，中间的叫中套，靠右的叫外套。四匹马必须保持方向一致，步调、节奏一致，马车才能跑起来，要快要慢听凭车夫驾驭。四匹马不按道路往前走，各奔东西，或有的怠工、磨洋工那就糟糕了，车在原地打转，去不了要去的地方，不出活儿，这是人们所不希望的。遇到这种情形，车夫就得对它们一顿皮鞭风暴，驯服它们。看过电影《青松岭》的人会有体会,青松岭上,万山大叔那响亮的一鞭,几乎是那个年代的定格。

这么一讲,您就知道上六爻辞说的是什么意思——四马前进,步调不一,进退两难,悲伤哭泣,泣血不止。

这种状况怎能维持长久呢?这是一个比喻,用四匹马拉一挂车打比方,告诉人们:团结合作,要多重要就有多重要。

团结互助合作是团队生存、事业发展的内在需求,是宝贵的原动力,要珍惜,要最大限度发挥其效能,坚决避免"各吹各的号,各弹各的调"。

在开创事业的过程中,必须维护团结协作、互助奋进的局面,这是成功与共赢的重要保证。

讲到这里,我们来看看黄寿祺、张善文的《周易译注》中关于屯卦洁静精微的总论与阐释——屯卦喻示事物初生之际的情状,义在阐明"初创艰难"。卦辞既言此时可致亨通,又谓利于守正、宜"建侯"广资辅助,表露了作者哲理浓厚的观点:认为创物虽艰难,若能把握正确的规律,前景必将充满光明。卦中六爻,通过不同的物象,揭示出"屯"之道:初"盘桓",以居正不出为利;二"屯邅",似女子"守贞待字"则宜;三"即鹿",当退不当进;四"求婚",亲下获吉;五"初创"局面将通,但不可疏忽,须守正防凶;上虽"泣血",但大势已通,必将化忧为喜。综言之,六爻均围绕物之"初生"、时之"草创",明其吉凶利咎,大旨无不强调居正慎行。从哲学内涵分析,全卦所明"初生""艰难"的本旨,是勉励人沿着"草创"之时的发展趋势,不断开拓、进取,以求得"元亨"为最终目的。《大象传》申言"君子以经纶",即体现"奋发图治"、处"屯"求通的精神。《宋书·谢灵运传》所谓"国屯难而思抚",正与此义合,可见,屯卦的积极意义,是以辩证的哲学观点,指出"初生"事物的发展前景,展示"君子有为之时"开"屯"致"通"的途径。

屯卦警语箴言

坎上震下物初生　始生之难千万重
刚柔始交生成难　大亨贞正动险中
雷雨震动盈天地　天始造化万物萌
元亨利贞利建侯　开天建邦以经纶
千头万绪创大业　侯邦初创不安宁
慎选方向强根本　端正动机不妄动
万事难迈第一步　有条不紊莫急功
先打基础后发展　强基固本第一宗
不打基础建大厦　空中楼阁笑谈中
初创之难有盘桓　利居贞正可建功
深入基层与群众　大得民心齐行动
非寇乘马盘求婚　十年相许因贞正
坚定不移勇追求　元亨利贞事亨通
鹿入林中莫急追　相机取舍远祸凶
逐鹿林中无向导　如不舍弃将困穷
舍弃之道要明白　动态调整活力生
固执偏枉当禁忌　轻率急功大事凶
自己发财不助人　小贞吉利大贞凶
囿于私心无大局　发展前景不光明
自私小我涣散沙　和谐共富可共赢
团结互助前景好　步调一致才成功

第五章

蒙卦 —— 蒙以养正

 蒙 山水蒙

第一节
在雨雾山中开启蒙昧

西伯侯姬昌看着雾雨蒙蒙的山脚下源源不断涌流出的山泉，为中华民族乃至全人类捕获了重要的教育原则和教育思想"蒙"。

在前面我们学习了屯卦，用植物的生长比拟封侯建邦，讲述了创业之道。

生命过程是精彩的。创业过程虽艰辛却不乏辉煌。

那么，有的人可能会好奇地问："生命的发端或事业的发端是如何实现的呀？"您好奇，我也好奇。

西伯侯姬昌在演绎创立八卦的时候，通过观察体悟，给出了答案：在于"蒙"。他发自内心开示说："山下出泉，蒙，君子以果行育德。""蒙以养正，圣功也。"

蒙（懞、濛、朦）是形声字，艹（cǎo）为形，冡（měng）为声。本义指大的女萝草，又叫菟丝。其种子叫菟丝子，具有壮阳生精之功效，是肾虚患者中药方剂中壮阳生精的特效神药，是古代帝王的养生方

剂中常常用到的一味药。这种药材具有神奇的生发能力，能够催发生命的开端。

蒙的本义为遮蔽、覆盖的意思。冡，甲骨文🀄=🀄（冃，"冒"，将帽子套在头上）+🀄（隹，小鸟），表示罩住小鸟。古人为了驯养刚捕获的鸟兽，特地将它们的眼睛罩住，避免它们因看到陌生环境而挣扎或逃脱，帮助它们安静下来，以利驯养。篆文🀄以"豕"🀄代替甲骨文字形中的"隹"🀄，表示罩住野猪。篆文异体字🀄在"冡"🀄基础上加"草"🀄写成"蒙"，表示用草木枝叶遮蔽，使人看不见。造字本义：将动物或人的眼睛罩住，使其失去视野。蒙卦比象取意，是反取，意为开启蒙昧。蒙卦象征"蒙稚"。任何生命，都有与生俱来的灵性，初生之时常常被蒙蔽，需要开蒙、启蒙、破蒙，彰显出本身的灵明心性，尤其是孩童。

任何事业，都是人的事业，建功立业，需要人掌握知识、技能、管理方法、经营策略，拥有智慧，基本途径是启蒙教育。

西伯侯姬昌在演绎创制八卦时，能够从这个高度开示启蒙的重要性和如何启蒙及应该重视哪些问题，确非常人所想，也非常人所及。

事物的发端，尤其是教育的发端为什么是"蒙"？让我们看看流放中的西伯侯姬昌看到了什么？想到了什么？为什么给出了这样的开示？

古代的流放，就像放牧牛、马、猪、羊一样，将犯人扔到荒山僻壤，任由其自身存活或灭失。生存能力强，幸运，可能会生存下来；生存能力弱，遇到狼虫虎豹，搏斗不过，可能就会被作为美食吃掉。其实，流放是很残酷的一件事。

庆幸的是，西伯侯姬昌顽强地生存下来了。

多亏西伯侯姬昌春天去山里采野菜，去溪流中抓鱼虾和乌龟，野菜采多少？鱼虾抓几条？乌龟抓几只？不知道！重要的是，他看着雾雨蒙蒙的山脚下源源不断涌流出的山泉，为中华民族乃至全人类捕获了重要的教育原则和教育思想——"蒙"！

更可贵的是，吃完乌龟肉，用剩下的乌龟壳腹部平滑的一面（本人研究写作过程中仔细观察过，在远古年代没有比它再平整结实的书写载体）将所获得的种种宝贵开示铭刻下来。

流传后世，千古永存，绽放光芒！

从这个角度看，西伯侯姬昌要感谢折磨他的人。

只要没有把肉体消灭了，就有咸鱼翻身的机会。我们所有人都应该感谢那些折磨自己的人，是他们迫使我们命运转机，灵魂升华！

没有折磨，没有痛定思痛，我们可能仍然在黑暗中徘徊！

没有折磨，就没有奋勇前行，人类可能仍然在蒙昧中游荡！

生活不仅有眼前的苟且，还有诗和远方！

忧郁不是生活本来的色彩！

明媚多姿是生活的本色！

看看西伯侯姬昌是怎么走出困境，而且给全人类指引出光明大道的！

春天到山林中采野菜，绵绵春雨落入深山。在山上山下游走中，西伯侯姬昌发现，春雨过后，冬天干涸的山泉，又涌流出清澈的山泉水。

雨雾山中，具有如此神奇的景致。雨雾落入山林，浸入石缝泥土之中。本以为为山林草木所蔽不知去向何方，不成想，在山体深处汇聚竟然在山脚下涓涓流淌出清澈的小溪！西伯侯姬昌眼前一亮，心情格外振奋，而且越想越兴奋。

水是生命之源。

不是吗？春雨落入山中，萌发了花草树木；山脚下涌流出山泉汇聚溪流、汇聚江河大海，丰富的水系养育着鱼虾蟹等各种水生动物；农田中会萌生出各种庄稼。我们可以由植物成长的发端，联想到事业的发端。

没有"蒙"就没有事物的发端,"蒙"的作用功不可没。

当时写作条件极端艰苦,没有笔墨纸砚,没有图书馆、博物馆馆藏资料可供借鉴,更没有互联网搜索或电脑打字,于是,西伯侯姬昌在甲骨上郑重刻下蒙卦卦象:

"坎在艮下,艮为山,坎为泉,是山下出泉、山下有险之象。"

这就是"蒙"!

事物初生,事业初创,不也是这样吗?其性往往被物象蒙蔽,就像蒙蒙细雨落入山中,被大山覆盖。崇山峻岭,细雨蒙蒙,绵密如纱,曼妙朦胧,神秘多端。蒙蒙细雨落入山间,山脚下奔涌出清澈的泉水,泉水潺潺流出山涧,形成清澈的小溪,终将渐汇江河,可以形象生动地用来比喻开启蒙昧、萌动力量的情形。

正所谓,山下出泉,其源被山蒙盖,当然需要开启蒙昧。

衍物、干事、创业什么最重要?当然是奠基最重要。

奠基中什么最重要?创业的人的培养最重要。

在所有重要事情中,启蒙教育首当其冲,必须高度重视并要切实抓好,因为它关乎事业的成败,也关乎未来的发展,关乎根基的培养!

既然启蒙教育如此重要,那么用蒙蒙细雨落入山间山脚涌出清澈泉水卦象喻示启蒙之道再恰当不过了。

什么是果行育德?果,用如动词;"果行"犹言果决其行,含"百折不挠"之意。这是说明"君子"效法蒙卦"山下出泉"之象,"果行"不止,"育德"不懈。《周易会通》引真德秀曰:"泉之始出也,涓涓之微,壅于沙石,岂能遽达哉?惟其果决必行,虽险不避,故终能流而成川。""君子观蒙之象,果其行如水之必行,育其德如水之有本。"学、教双方都要秉持虔敬之心,坚持德智体美全面发展的正确方针,因材施教,循序渐进,谆谆善诱,不急不躁,以果断的行动培育美好的德行,追求良好的效果。

第五章
蒙卦——蒙以养正

什么是蒙以养正？古文"正"从一、足。足者亦止也。守一以止也。"一"意为"一天下""天下定于一""天下一统"。"止"意为"止步"。"一"与"止"联合起来表示"征战止步于天下一统之时"。本义为统一天下而战。有正直、正派、基准等义。启蒙必须端正目的，启蒙与养育人内心具有的善良正派的心性（及至明朝王阳明"知行合一"论中称之为"良知"），狠抓思想道德品质，打好干事立业的根基。

人生在世，品行端正，才会创造神圣的功业！

"蒙以养正"，是治家兴国之根。

教育孩子，是我们每个家庭的大事，同样，培育员工也是每个单位的大事，培育全体公民综合道德素质是国家的大事。

大家都非常关心启蒙之道应该注意哪些问题，那么，如何才能做好启蒙教育呢？

第二节

蒙以养正,端正目的

> 蒙以养正,心诚谓之首要。法国启蒙思想家卢梭说:"植物的形成在于栽培,人的形成在于教育。"孔子强调:"不愤不启,不悱不发。"

下面,我们看看《易经》中有哪些宝贵的经验总结与开示:

蒙卦卦辞为:"亨。匪我求童蒙,童蒙求我;初筮告,再三渎,渎则不告。利贞。"

这段文字中,有两个字有必要解释一下。

第一个字,筮,从竹从巫。"竹"为竹条,代表草木,"巫"表占卜(其实是对事物发展趋势的预判,现在给歪解了)者,因此,筮是用草木预测。筮具比较高级的是竹条,最高的是蓍(shī)草,周代贵族阶层有能力用蓍草。《说文》解释:"筮,易卦用蓍也。"反映了他当时所知周代蓍筮文化的流行,其释义只反映狭义筮字的一个方面。广义的筮即起卦手段,也包括非草木类型的起卦手段,如数字、方位等,因为数字起卦或方位起卦也属于筮法类型。当时正处于结绳记事向象形文字(甲

第五章
蒙卦——蒙以养正

骨文）转化的过渡期，使用蓍草、竹蓍等结绳记事，对疑惑不决的事情进行预测决断，将得到的预测信息或某种开示记载下来，以解心疑。蓍草本身并不能算出任何事情来。本来，那时候蓍草的作用相当于现在的本、电脑、U盘什么的，因为比较稀缺，当然只有皇室才能用得到。老百姓用不到的东西，就会增加无限神秘感，被传得神乎其神。

第二个字，渎，指水沟，小渠，亦泛指河川。本处指轻慢，对人不恭敬、亵渎、烦渎。

蒙卦卦辞说，启蒙这件事亨通。关于启蒙不是我有求于幼童，而是幼童有求于我对其启蒙，第一次向我请教（筮），我有问必答，如果一而再、再而三地没有礼貌地乱问，则不予回答。利于守持正固。

蒙亨非我求童蒙，蒙以养正童求我。

蒙以养正，心诚谓之首要。

法国启蒙思想家卢梭说："植物的形成在于栽培，人的形成在于教育。"孔子强调："不愤不启，不悱不发。"开启蒙昧，重在教化心灵，培育美好的德行和善根。

"种瓜得瓜，种豆得豆。"撒什么种子，开什么花，结什么果。

开启蒙昧，引导步入正确发展的轨道，这是神圣的功业。坚持正确的方向引导和内容灌输非常重要。因此，必须重视蒙以养正。在启蒙教育上要注意：

第一，被启蒙者要有开启蒙昧发育智慧的需求，这是最根本的原动力，就是人们所说的要有自觉性和主动性，发自内心，而不是被人强迫。

第二，被启蒙者要有端正的虔敬之心，好学上进，不可亵渎怠慢，这是应该秉持的正确态度。求学的人自己不把学习当回事，老师苦口婆心有什么用呢？

第三，"蒙以养正"是被启蒙者之需，更是启蒙者的神圣使命，学、教双方要相结合并良性互动，有利于提高双方水平。

随着岁月的推移，凡是忽视"德"性修养的个体或群体，都将付出沉重的代价。

比较好的途径是进行正面引导与灌输，这就要发挥好正面导向作用，导向正确的方向和路径，培养出国家和社会的有用之才。

有一个非常经典的哲学故事：哲学家给弟子们各分一块地，目标和任务是保证自己的地不长杂草，有的弟子用火烧，有的弟子用锄头铲……都没有解决长杂草的问题，而哲学家却种满了谷子而让地不长杂草。其核心启示是，童稚的心灵需要用正确的世界观、价值观、人生观去武装，培植"善"的根苗，如果离开正面引导，离开正义，就会被邪恶占领。

第三节

果行育德，追求良好效果

> 人若修其美德，果行不屈，终能冲破外界压迫，坚持始终，终将成就事业。

蒙卦彖辞是"蒙，山下有险；险而止，蒙。蒙亨，以亨行，时中也。匪我求童蒙，童蒙求我，志应也。初筮告，以刚中也。再三渎，渎则不告，渎蒙也。蒙以养正，圣功也"。

蒙卦象辞是"山下出泉，蒙。君子以果行育德"。

孔颖达注疏："坎在艮下，是山下有险。艮为止，坎上遇止，是险而止也，恐进退不可，故蒙昧也。"在不明事物情况时，遇险而止，亨通顺利，进止得其时又得其正。"育德"有山之象，"果行"有水之象。

蒙卦彖辞说，蒙稚，譬如高山下有险阻，遇险止步、徘徊不前，正像蒙稚的情状。蒙稚，亨通。说明可以顺延亨通之道施行启蒙，并把握适中的时机。并非我有求于幼童来启发蒙稚，而是幼童需要启蒙有求于我，这样双方的志趣才能相应。幼童有疑惑初次祈问施以教诲，说明蒙师有阳刚气质、行为适中。接二连三地滥问是渎乱学务，渎乱就不予施教，因为渎乱了蒙稚启蒙的正常秩序。蒙稚的时候应当培养纯正无邪的品格，这是造就圣人的成功之路。

泉水之德果决不回，执着向前，能够冲破山的压盖与阻碍，在山脚下涌出泉流，流淌出涓涓溪水，而后汇成江河奔向湖海。由此启发，人若修其美德，果行不屈，终能冲破外界压迫，坚持始终，终将成就事业。说明开启蒙昧的需求、志趣与使命、责任相应。果断行动，育养其德，将培养出良好的栋梁之材，会有神圣的功业和结果。只有坚持正确的目的、方针、原则，果断行动，重视美好品德的培养，最终才能培养出品学兼优的栋梁之材为社会做出应有的贡献。因此，"君子以果行育德"。可谓"亨行时中志相应，果行育德有圣果"。

第五章
蒙卦——蒙以养正

第四节

因材施教，坚持正确的原则

发蒙、包蒙、困蒙、童蒙、击蒙都是怎么回事？
蒙卦六爻揭示了哪些启蒙教育规律和原则？

启蒙教育应该坚持什么样的原则？应以"循序渐进好方法，拔苗助长当力戒；方式方法很重要，不急不躁不暴烈"为原则，符合人才成长的规律。启蒙面临各种对象与情态，需要坚持什么样的原则因材施教呢？请看看蒙卦六爻是怎么说的：

初六：发蒙，利用刑人，用说桎梏；以往吝。

象曰：利用刑人，以正法也。

《古代汉语字典》里写道：发的繁体写作"發"，是形声字，弓为形，"癶"（bō）为声，本义是张弓射箭。发蒙，取其"打开，开启"之义。"说"通"脱"。桎梏（zhì gù）是拘束犯人手脚的刑具，最初以木头做成，后以铁制成，现代为脚镣、手铐。《说文》曰："桎，足械也。从木，至声。""梏，手械也。从木，告声。"孔颖达注疏："在足曰桎，在手曰桎。"

初六爻阐释的是"发蒙"情态：发蒙用刑脱桎梏，正法治世出和谐。蒙昧犹如桎梏禁锢犯人那样禁锢人的思想与意志。发蒙，就是开启蒙昧，要像开弓射箭那样，才能打开坚固的堡垒，达到启蒙效果。实现由晦至明，是艰难的事情，但有益于彰明法度，以便遵循。

九二：包蒙，吉；纳妇，吉；子克家。
象曰：子克家，刚柔接也。

《说文》曰："包，像人裹（注：裹，怀抱。班固《汉书·外戚传下》：'将相大臣裹诚秉忠。'）妊，巳在中，像子未成形也。"《古代汉语字典》解释得更直白："包，是象形字，古文字的字形像一个没有成熟的胎儿被包裹在胎衣里。"

《说文》曰："克，肩也。"《古代汉语字典》："克在篆文中是会意字，上部是高（省略下部冋），下部是尸（表示与人有关），合起来表示使物体高于人的位置，即放在肩上。克的本义是肩任即用肩承担。"

九二爻阐释的是"包蒙"情态：包蒙，为启蒙初端，犹如妊娠坐胎，始俱雏形。对人来说，在"格物、致知、诚意、正心、修身、齐家、治国、平天下"的格局中审视，还达不到治国、平天下的境界要求，但是，毕竟已经开始启蒙，有了良好的开端和初步修养。用孔子的"五十知天命"来说，目前属于乾卦所说的"潜龙勿用"状态，只能先尽人事，娶妻生子，养育家庭，为将来的"飞龙在天"修身养性做前期基础准备。值此状态，"纳妇吉祥子持家，包蒙之吉刚柔接"——适宜于娶妻成家，胜任管理家事。因为刚柔相接，所以吉祥。

第五章
蒙卦——蒙以养正

六三：勿用取女，见金夫，不有躬，无攸利。

象曰：勿用取女，行不顺也。

勿用取女：不要娶这样的女人。

夫是象形字，夫字中的"大"在甲骨文中是个人形，而"大"上的一横像束发用的簪子。因此，夫字的甲骨文字像一个束发别簪的成年男子的样子。古代男子到二十岁成年时要束发，所以，夫字的本义指成年的男子。金夫是有钱的成年男子。

躬是会意字，由身和弓（像弯曲的身体）两部分组成，弓兼表声。躬的本义指身体，多指自身。

六三爻阐释的是"昧蒙"情态——见利忘义投新欢，勿用娶女利纯洁。意思是不能娶这样的女子，她只心仪有钱的男人，见到有钱的成年男子，不能守礼仪，也难以保住自己的节操，娶这样的女子是没有什么好处的。主要是指这个女子的行为是不合乎礼仪的，即这个女子没有受过良好的启蒙教育。这仍然是用比喻的方式阐明"昧蒙"根源在于见利忘义，不守贞操，因此，启蒙需要注意思想的纯洁性与品行的端正性。这是面对利益能否经得起考验的试金石。

不守贞操的害处是什么？

女人不守贞操，失去纯洁，就可能给丈夫之外的男人生孩子，种族延续将受到威胁与侵害！

对于社会形态来说，如果不引导民众培养正确的价值观与树立崇高的信仰，允许敌对思想萌芽，就可能在思想意识形态领域被颠覆。

纯洁性是事物种族延续的重要保证！

六四：困蒙，吝。

象曰：困蒙之吝，独远实也。

六四爻阐释的是"困蒙"情态：困是会意字，由表示房屋四壁的口和表示倾倒的梁柱两部分组成。困的本义是指倒塌的房屋。人或物被倒塌的房屋压住，得不到外援会很窘吝。困蒙忧吝独远实——人如果被环境或某种因素限制或影响而不能与外界或有学养的人接触，则得不到启蒙或教诲，当然也会很窘吝。困蒙指的就是这种情形。被困在蒙昧中，有忧吝。原因在于闭锁而远离客观事实招致艰难。针对困于蒙昧不能比附贤能之人以发其志而开启蒙昧，慎选良师非常重要。昔孟母三迁，就是为了摆脱困蒙的境地，值得借鉴。

孟子，名轲。战国时期鲁国人（现在的山东省境内）。三岁时父亲去世，由母亲一手抚养长大。孟子小时候很贪玩，模仿性很强。他家原来住在坟地附近，他常常玩筑坟墓或学别人哭拜的游戏。母亲认为这样不好，就把家搬到集市附近，孟子又模仿别人做生意和杀猪的游戏。孟母认为这个环境也不好，就把家搬到学堂旁边。孟子就跟着学生们学习礼节和学问。孟母认为这才是孩子应该学习的，心里很高兴，就不再搬家了。这就是历史上著名的"孟母三迁"的故事。

对于孟子的教育，孟母更是重视。除了送他上学外，还督促他学习。有一天，孟子从老师子思那里逃学回家，孟母正在织布，看见孟子逃学，非常生气，拿起一把剪刀，就把织布机上的布匹割断了。孟子看了很惶恐，跪在地上请问原因。孟母责备他说："你读书就像我织布一样。织布要一线一线地连成一寸，再连成一尺，再连成一丈、一匹，织完后才是有用的东西。学问也必须靠日积月累，不分昼夜勤求而来的。你如果偷懒，不好好读书，半途而废，就像这段被割断的布匹一样变成了没有用的东西。"

孟子听了母亲的教诲，深感惭愧。从此以后专心读书，发愤用功，身体力行、实践圣人的教诲，终于成为一代大儒，被后人称为"亚圣"。

六五：童蒙，吉。

象曰：童蒙之吉，顺以巽也。

六五爻阐释的是"童蒙"情态：顺的本义指梳理头发。孔颖达说"顺者心不违也，巽者外迹相卑下也"。儿童柔顺而服从，好学上进，虚心地向老师求教，老师乐教，其教育结果自然是比较有效的，当然也是吉祥的。恭顺谦逊的上进心是获得师长启蒙的可贵态度。主动自觉很重要。

童蒙教育，是启蒙教育的开端和基础。童蒙教育和幼教是两回事，有的人常常将二者混为一谈。

教育家陶行知说："我们对于儿童有两种极端的心理，都于儿童有害。一是忽视，二是期望太切。忽视则任其像茅草一样自生自灭，期望太切不免揠苗助长，反而促其夭折。所以合理的教导是解除儿童痛苦增进儿童幸福之正确路线。"

上九：击蒙，不利为寇，利御寇。

象曰：利用御寇，上下顺也。

上九爻阐释的是"击蒙"情态：猛击以启发蒙稚，不利于施用暴烈过甚的方式，宜于采用抵御强寇的防御方式，可以使上下的思想意志顺畅和谐。

"不利为寇，利御寇"是怎么回事？为寇，喻暴烈过甚的方式；御寇，喻适当的严厉。此因上九阳刚极盛，戒其治蒙可严不可暴，故为严则利，暴则"不利"。《周易程传注评》曰："九居《蒙》之终，是当蒙极之时；人之愚蒙既极，如苗民之不率，为寇为乱者，当击伐之。然九居上，刚极而不中，故戒'不利为寇'。治人之蒙，乃'御寇'也；肆为刚暴，乃'为寇'也。若舜之征有南苗，周公之诛三监，'御寇'也；秦皇汉武穷兵诛伐，'为寇'也。"

启蒙教育，是思想意识形态领域建设的重要组成部分，也是基础性的工作。其使命任务是通过灌输引导的方式，用先进的技术、文明的理念、高尚的道德情操培育人，其过程中，与顽劣的陋习、反动的思想、败坏的风气等做斗争是异常严峻的，对此，要有主动防范的警觉意识，不能消极被动地等到已经萌芽或成了气候再进行。

适宜采取击蒙的方式"果行育德"：

击蒙武力对蒙昧，鲁莽荒蛮当谨戒；

不利为寇利御寇，哺育文明不顽劣。

启蒙教育要及早实行，要针对蒙童的缺点，先发制人。不要等到蒙童（或需要教育的对象）的问题彻底暴露再去教育，而要防患于未然，事先进行启蒙教育。因为只有这样，才能使老师和蒙童互相配合，才能达到治病救人、上下一心的目的。在开启蒙昧的关键时刻，采取强化的方法，促进飞跃，将"不利为寇，利御寇"，能够起到防患于未然的积极作用，有利于"哺育文明不顽劣"。

讲到这里，我们来看看黄寿祺和张善文在《周易译注》里关于蒙卦洁静精微的总论与阐释——事物发展的初期阶段，必多蒙昧。《尚书·太甲》叙伊尹语曰："先王昧爽丕显，坐以待旦；旁求俊彦，启迪后人。"《礼记·学记》云："玉不琢，不成器；人不学，不知道。是故古之王者，建国军民，教学为先。"可见，我国古代对传道授业、启蒙育智是十分重视的。蒙卦取名"蒙稚"，其义在于揭示"启发蒙稚"的道理。卦辞称"匪我求童蒙，童蒙求我"，体现"尊师敬学"的思想，与《礼记·曲礼上》所谓"礼闻来学，不闻往教"之义相同；又称"童蒙"初问"告"，再三滥问"不告"，展示了启发引导式的教学原则，与《论语·述而》所谓"举一隅不以三隅反，则不复也"之义略通。六爻大旨，二阳爻喻"师"，四阴爻喻"蒙童"，即《周易程传注评》程颐云："二阳为治蒙者，四阴皆处蒙者也。"其中九二阳刚处下，启迪群蒙，为有道"师表"之象；上九刚健居终，以严施教则利，以暴施教则不利：这是从"教"的角度揭明"启蒙"规律。六五居尊谦下，"蒙以养正"，为好学"君子"之象；初六阴弱蒙稚，潜心"发蒙"则可，急于求进必"吝"；六三、六四两爻，或不循学径、盲目躁动，或远离其"师"、困陷蒙昧，均不能去蒙发智：这是从"学"的角度揭明"治蒙"规律。综观全卦，无非进口"教""学"两端，抒发作《易》者颇具辩证因素的教育思想。蔡清曰："在蒙者便当求明者，在明者便当发蒙者，而各有其道。"(《易经蒙引》)这正是本卦大义的概括。若联系我国古代教育史，进一步考究蒙卦的思想内容，似乎又有利于追溯、挖掘先秦时期以孔子为代表的某些教育理论的哲学渊源：这是本卦值得重视的价值之一。

第五节

循序渐进，讲究科学的方法

> 有教无类善包容，蒙以养正铸品格；亨行时中志相应，果行育德圣功也；循序渐进好方法，拔苗助长当力戒；方式方法很重要，不急不躁不暴烈。

蒙蒙细雨落入山涧，山脚下奔涌出清澈的泉水，泉水潺潺流出山涧，形成清澈的小溪，终将渐汇江河。这是自然变化趋势，但在这个趋势过程中，存在着进退两难的困境：一是滞留山涧；二是潜隐消耗，流向不明；三是湿热蒸腾，涣散挥发；四是雾霾晦暗，叠嶂重重。因此需要凝结、汇聚、疏导才能自流成溪汇入江河湖海。用这一自然现象类比童稚的启蒙教育及事物发展初期阶段的启蒙教育再恰当不过。

启蒙教育要遵循这一基本规律，"因材施教，循序渐进，谆谆善诱，不急不躁"，重视打基础和循序渐进地不断提高，不拔苗助长，使受教育者德育、智育、体育等方面得到全面发展，身心健康成长。

拔苗助长指将禾苗拔起一点，来帮助它成长。比喻违反自然发展的客观规律，急于求成，不加思考，反而将事情弄糟。此典故出自《孟子·公孙丑上》：古时候宋国（今商丘）有个农夫，种了稻苗后，便希望能早早收成。他到稻田时，发觉那些稻苗每天都长得特别慢。他等得不耐烦，便将稻苗拔高几分。经过一番辛劳后，他满意地扛锄头回家休息。到家后对家里的人说："今天可把我累坏了，我帮助庄稼苗长高一大截！"他儿子赶快跑到地里去一看，禾苗全都枯死了。

事物的发展、人的成长，都应循序渐进，违背这个规则不仅无益，反而有害。这种将禾苗拔起一点来帮助它成长的做法结果将禾苗害死，说明违反自然发展的客观规律，急于求成，反而会将事情弄得更糟糕。

天下不希望自己禾苗长得快一些的人很少啊！以为禾苗长大没有用处而放弃的人，就像是不给禾苗锄草的懒汉。妄自帮助它生长的人，就像拔苗助长的人，不但没有好处，反而害了它。

拔苗助长是启蒙教育的大忌，当戒之再戒。

第六节

花红心美,共升境界筑和谐

德之不存,民何以生?国何以立?

摆脱精神危机,必须从培育全民美德开始。

教育的根本目的在于开启智慧、传授生存技能,而不是教授简单的知识,培育社会文明,营造和谐的生存状态。

教育,传授知识是途径或手段,最宝贵的是启蒙,通过启发引导,开启蒙昧,健全心智。

社会文明是由个体文明的集合实现的。人是异于一般动物的社会动物,其显著特征是具有文明。文明指人类所创造的财富的总和,特指精神财富,如文学、艺术、教育、科学文明等涵盖了人与人、人与社会、人与自然之间的关系。它是一种先进的社会和文化发展状态,以及到达这一状态的过程,其涉及领域广泛,包括民族意识、技术水准、礼仪规范、宗教思想、风俗习惯及科学知识的发展等。它的主要作用在于追求个人道德完善,维护公众利益、公共秩序。

文明主要由心灵美决定和体现的。文明以心灵美、行为美、语言美、仪表美为标志；心灵美指人的精神世界的美，包括思想意识、道德情操、精神意志、智慧才能的美。心灵美是真、善、美的统一，知、意、情的统一，是行为美、语言美、仪表美的内在依据，并通过具体的感性形态被人们感知。集中体现了社会文明对人的思想、感情、意志的要求。不同时代、不同阶级，有不同衡量标准，在中国社会主义精神文明建设中，为"五讲四美三热爱"活动的"四美"之一。心灵美是人的本质力量的集中体现，是人类长期社会实践的产物，在教育、学习、磨炼及同假、丑、恶的斗争中形成和发展，受特定时代的生产方式、生活方式、社会制度、道德准则、文化发展状况的制约。不同时代、不同阶级的人对心灵美有不同的或某些相似的衡量标准。包括思想意识的美，如正确的立场、观点、方法，崇高的理想，爱国主义、集体主义思想等；道德情操的美，如情感、操守、格调的美等；精神意志的美，如进取精神、创造精神、顽强意志、崇高气节的美等；智慧才能的美，如高度的文化素养、知识才能、聪明睿智。心灵美是人的教养、涵养、气度（仪表与态度）等的表现。

境界体现文明的价值取向。境界是指人的思想觉悟和精神修养，一个人的思想境界如何，实际上指的是思想觉悟和精神修养的水平如何。在日常的生活中，人们的思想觉悟和精神修养总是不一样的，但是作为社会普遍的价值取向，人们总希望自己是有较高思想觉悟和良好精神修养的人，对社会有所贡献。

启蒙的神圣使命就在于开启蒙昧，培育文明，实现社会和谐进步。

德育是启蒙教育的护基固本之举，《易经》通篇无不围绕这一神圣使命展开。

摆脱精神危机，必须从培育全民美德开始。

德之不存，民何以生？国何以立？

迫切需要从娃娃抓起！不从娃娃抓起，现在很糟心，未来更糟心，哪还有美好的未来？

蒙卦警语箴言

山下涌泉山水蒙　　清溪涓涓汇江河
蒙昧不启流愚鲁　　启蒙发智育豪杰
蒙亨非我求童蒙　　求学贵在有自觉
孩童主动来请教　　谆谆善诱好风格
有教无类善包容　　蒙以养正铸品格
亨行时中志相应　　果行育德圣功也
发蒙用刑脱桎梏　　正法治世利和谐
纳妇吉祥子持家　　包蒙之吉刚柔接
见利忘义投新欢　　勿用娶女利纯洁
困蒙忧吝独远实　　童蒙吉祥顺逊和
击蒙武力对蒙昧　　鲁莽荒蛮当谨戒
不利为寇利御寇　　哺育文明不顽劣
循序渐进好方法　　拔苗助长当力戒
尊师敬学树典范　　品优好学莫歪邪
方式方法很重要　　不急不躁不暴烈
启蒙教化统意志　　力避异端莫偏邪
德智体美全发展　　面向未来有世界
好好学习长知识　　天天向上提境界
启蒙开窍发睿智　　修身养性增美德

第六章

需卦 —— 需以待机

 需 水天需

第一节

暴雨将至,饮食宴乐

浓云密布天空,待时欲雨,为需卦物象。饮食宴乐,可避免岁月蹉跎。

与家人在一起,有和谐、安全、稳定的大后方;与朋友伙伴在一起,一呼百应,会得到坚强有力的支持。

需,在等待与磨合中,凝聚人心,积蓄力量……

在蒙卦部分,我们阐述了事物成长发端与创业开端应该注意的相关问题。需卦,从事物发展的链条看,阐述的是发端之后尚不具备成长与创业的条件、建功立业的时机尚不成熟阶段应该注意的相关问题——也就是待机之道。

"需"在甲骨文中的字形是人被水淋湿、全身滴水的样子。《杂卦》云:"需,不进也。"《说文》曰:"需,须也。遇雨不进,止须也。"《周易正义》言:"需者,待也,物初蒙稚,待养而成。"需的本义是濡湿,有等待、等候,停止、不进等义。

需卦的卦象是"需，水天需，坎上乾下"。上坎为云，下乾为天，故为"云上于天"，为乌云密布天空，云气上集于天，成为云层，密云满天，回旋翻腾，还没有下雨，将要降雨，为待时欲雨之象。

山雨欲来风满楼。在以农牧为主的古代，干不了农活，放牧不了牛、马、猪、羊等牲畜，也无法赶路前往某地交易，如果讨伐征战，自然是自讨苦吃。当下，无法向目标行进，也干不了要干的事，到底适宜干点什么呢？

天须云降为雨，以养万物。人当然需要饮食宴乐，颐养身心，增强体能，交流感情，融洽家庭，凝聚团队，密切人际关系。

值此之时，饮食宴乐，可颐养身心，避免岁月蹉跎。

一般人的做法是与家人聚在一起吃点喜欢吃的东西。有些人与同伴要么在一户农家清粥小菜；要么在某处小酒馆炖只小鸡或大鹅（这很奢侈），休歇停待，饮食宴乐，等待雨过天晴再去做要做的事。

经常和家人一起吃饭的，会增强家的融洽，不管干什么事，有一个稳定安全的大后方，不出事。

经常与朋友饮食宴乐的，不管什么时候有事，只要喊一嗓子，都会一呼百应，得到坚强有力的支持。

经常与团队成员在一起饮食宴乐的，可以增加沟通机会，可以充分交流思想，团队的凝聚力将大大增强。

需，在等待与磨合中，凝聚了人心，积蓄了力量。

如果您是一个团队管理者，我说的，您会懂。

普通百姓尚且明白待机之道，在羑里那些山雨欲来风满楼、阴云密布晦暗的日子里，西伯侯姬昌脑海中闪现出曾经率领队伍无数次征伐蛮夷的征程中，每当"云上于天"暴雨将至，自己总是令将士们停下来，埋锅造饭，适当犒劳一下将士们。通过吃吃喝喝，将士们越来越团结，越来越抱团，战斗一旦打响，只要一声令下，将士们都会拼死往前冲。

柔近怀远，万众来归，尤其是附近诸侯暗中示好，频送秋波，还有的诸侯派来媒妁之人，愿结秦晋之好。商纣王想用砖拍他，已经不是一天两天的事，西伯侯为人做事仁厚瓷实，没干什么大逆不道的事，商纣王也抓不着什么把柄。不过种种渠道反馈上来的消息表明西伯侯的威望甚嚣尘上，难望其项背，商纣王不由妒火中烧，加上宠妃妲己添油加醋，他听信崇侯虎的谗言，以请小姑父喝酒的名义将西伯侯姬昌"请"到帝都，在酒池肉林中喝酒，裸男裸女奔逐期间，喝着喝着，商纣王非让小姑父点杀俊俏美男或靓丽美女放在炮烙上烤着吃，西伯侯姬昌狠不下心，沉吟半天也没个态度，商纣王没按捺住，猛一拍桌子就把他给流放了。

西伯侯姬昌不知道是否还有明天。

他是一个非常珍惜今天的人。只要活着，从来没停止过努力，在他的生命里，当下的每秒钟都没浪费，简直把时光化作宝石刻刀，刻下宝光闪烁的人生感悟"钻石"。在云上于天晦暗欲雨的日子里，他铭刻下感悟到的需卦象辞："云上于天，需。君子以饮食宴乐。"

反正也没其他事可干，闲着也是闲着，他没日没夜地琢磨其中的道理，竟然琢磨出了千秋万代享用不尽的人间大道！

需卦象辞为"云上于天"，就是水汽聚集天上成为云层，密云满天，将要下雨但还没有下雨，需要等待。进攻城池建立邦国遇到了这种密云满天不适宜作战的情形时，统帅应该安排大家干点什么呢？"君子以饮食宴乐。"朱熹曾云："需，待也。'以饮食宴乐'，谓更无所为，待之而已。待之须有至时，学道者亦犹是也。"这是需卦的核心启示。

云上于天，待时欲雨，天须云降为雨，以养万物。即使有攻取城邦建立国家的伟大目标，遇到阴雨天不能采取进攻的行动，急躁冒进没有用，不妨找个地方避雨，等雨过天晴再进发。这个时候需要吃喝，饮酒作乐，颐养身心，需要在饮食宴乐中与团队或朋友伙伴打成一片，避免岁月蹉跎,在等待的时候积蓄力量、壮大力量。

在农村经常遇到下大雨的情形,农民就会三五成群地聚集在一起,要么喝酒,要么看纸牌,要么打麻将,要么打扑克,雨过天晴再去农田劳动;平常谁家有个红白事,村民会一起帮忙。这也是需卦思想在日常生活中的运用。

大道至简,日用而不知,时用而不觉。

成就事业的过程充满了艰辛曲折乃至磨难,需要抛弃天真的幻想、侥幸的期盼、烦恼的焦灼,要面向现实,明白"前途是光明的,道路是曲折的"道理,在时机不具备的时候,要善于创造条件积极等待,在遇到坎坷、困难、磨难、挫折的时候,要顺理适时,慎戒稳进,审时度势积极寻求境地的改变。

艰难险阻重重障,顺理待时不妄作;

静待不躁获吉祥,款曲停待少谬错;

时机未到耐心等,慎戒柔正运帷幄。

待机之道在于——凡事皆须绵密为之,顺理适时,以待其成。不可急功求速,妄有为作,否则揠苗助长,而适得其反;不可畏险惧阻,半途而废,以致功亏一篑,而破败无成。持之有恒,进之有节,因缘会遇,自然瓜熟蒂落,浑然天成。心急吃不了热豆腐。在时机不成熟,机遇尚未到来之前,静静地等待,不急不躁,款曲有秩,停待消磨,不失为稳妥的方法,虽然貌似消极,毕竟可以避免妄动冒进的错误,少出纰漏。耐心、谨慎和柔正是待机必备的心理素质。

开创弘基伟业者,首先需要修炼心理关。否则,大事临端之时,不但会要了自己的命,还会葬送家族、朋友、姻亲乃至战略盟友的命。

在"饮食宴乐"中待机需要注意两个方面。

首先,注意饮食安全与营养均衡。坚持健康的饮食观,吃清洁、安全、营养均衡的食物，才能有强健的体魄。这是待机的重要物质储备。物质储备是一切事物发展不可缺少的基础条件。只有这样，才能"前险刚健而不陷，饮食宴乐避蹉跎"。

其次，要注意政治安全。多与心理健康、心态阳光、积极向上、志趣相同的人在一起，不要与肮脏龌龊、心地阴暗的人渣纠缠在一起。这一点，不可不注意把握。

第二节

坚守中正之道,将顺利到达

> 待机之时,至高无上的准则是坚守中正之道。人有诚实守信、光明磊落、通达顺利、贞正执着的美德会吉祥如意,少遭祸殃。

需卦卦辞是"需:有孚,光亨,贞吉,利涉大川"。

需卦象辞是"需,须也;险在前也。刚健而不陷,其义不困穷矣。需有孚,光亨,贞吉。位乎天位,以正中也。利涉大川,往有功也"。

需卦卦辞与象辞的基本意思是这样的——居于待机之时,至高无上的准则是坚守中正之道。人有诚实守信、光明磊落、通达顺利、贞正执着的美德会吉祥如意,少遭祸殃。在前进的方向上有艰难险阻是正常的情况,有刚强健实的阳气,奋发作为,就不会陷于艰难险阻之中,不会陷于穷途末路之中。在正确的位置上,做正确的事是对的。在待机之时,这些美德可以凝聚人心力量,像跋涉大川大河那样战胜艰难险阻,前往做事可以取得成功。

为加深理解,有必要对相关字词义做一下解释。

孚是会意字，表示鸟或禽类将"爪子"放在代表卵的"子"上面。鸟在巢穴里、鸡在窝里、鸭鹅在架里趴在蛋上孵雏就是这个样子。有农村生活经历的人或草原生活经历的人，应该会比较了解这样的景象。看看古代文字专家们是怎样定义与解释的。《说文》云："孚，卵孚也。一曰信也。"《尔雅·释诂》云："孚，信也。"徐锴曰："鸟之孚卵，皆如其期不失信也。""孚"是"孵"的本字，鸟及禽类孵卵皆有日期之信。该多少天破壳就多少天破壳而出。其最本质的属性是诚信不欺。

鸟禽类因诚信不欺，诞生了一个个鲜活的生命。

人要想求得生存发展，更应该这样！

居于待机之时，必须深明等待、等候的意义。至高无上的准则是坚守中正之道，摆准位置，站在应站的位置上。人有刚健之德，遇有险阻在前，而处于险阻之后，不盲动冒险，须待时机，则不会陷于险难之中，当然就不会处于困穷之境地。

第三节

顺理适时，慎戒稳进

> 需卦六爻的奥妙：以攻取城池建立邦国可能遇到的多种情形为例，说明把握待机之道——在不同的阶段、不同的境况下，要把握好原则，做出有效的应对。

从"饮食宴乐"的养人之道中可体悟养物之道。养物之道，扩而充之乃是圣人开物成务、化成天下的大道，是圣人心中的远大理想，更是社会民众的福祉，强调在将心中的远大理想推而行之的过程中，要注意掌握好具体的步骤和方法。

需卦一至六爻所枚举的情事，是以攻取城池建立邦国可能遇到的多种情形为例打比方，为了实现目标，在时机尚不成熟时，面对阻碍、困难、危险，阐释待机之道，在不同的阶段、不同的境况下，要把握好原则，做出有效的应对。

在这里，有必要回放一下历史，了解一下西周历史风云，不用做过多的解释，您就知道是怎么回事，讲的是什么道理。

公元前1055年，姬昌出兵征伐犬戎。第二年又讨伐侵犯邻国的密须，解除了伐商的后顾之忧。公元前1053年，姬昌出兵东向攻黎（山西省长治市西南）；公元前1052年，攻邘（今河南省沁阳市）；公元前1051年，攻取了商王宠臣崇侯虎的崇国。这三场战争胜利后，周切断了商朝同西部属国的联系。同年，姬昌迁都于丰（今陕西省西安市西南），使国都不易受戎狄的侵扰并更有利于向东进兵。至此，姬昌伐商的战略部署已经基本完成。

姬发（武王）继位后，秉承父志，受命十一年（约公元前1046年），武王见时机已到，发兵朝歌，讨伐纣王。两军战于牧野，商军大败，商纣王自焚于"鹿台"，商朝灭亡。西周王朝建立，定都镐京（今陕西西安长安区一带），称作丰、镐两京。

据相关史书记载，西伯侯姬昌活了96岁。

西伯侯姬昌晚年与四子周公继续推演《周易》，撰写每一卦的六爻爻辞。需卦六爻，是无数次征伐战争的概括，具体讲，也是牧野之战的缩影。从中可以看出，获得战争的伟大胜利并不容易，其过程像电影回放的历史片段，展现了进军的过程。

初九：需于郊，利用恒，无咎。

象曰：需于郊，不犯难行也；利用恒，无咎，未失常也。

初九爻讲的是什么道理呢？《说文》云："邑，国也。""郊，距国百里为郊。"《尔雅·释地》云："邑外谓之郊。"《古代汉语字典》说："郊是形声兼会意字，阝（邑）为形，交为声。交兼表义，表示与城邑相连。郊的本义指距离都城百里的地方。"

或位卑体健，或势单力薄，或刚刚招募队伍，时机不到，在郊外等待，必须有恒心，长久耐心地静候时机，不急不冒不妄作，不会有什么祸患。"无咎"表明没有偏离正道，没有偏离天地恒常之理，没有偏离既定的目标。人是要有所作为的。物萌初稚，得以养成，人生的启蒙教育结束后，正常应该进入城邦谋求可做之事，要么志同道合的人聚合成队伍进军城池建侯兴邦，要么"进京赶考"在仕途谋得一席地位。不管文进，还是武攻，"需于郊"说的都是第一步，远离目标，时机不成熟，条件不具备，"位卑体健需于郊"，虽然"路途遥远有险阻"，但"不急不冒不妄作""隐忍保全恒帷幄"，当然是首要原则和基本要求。

九二：需于沙，小有言，终吉。

象曰：需于沙，衍在中也；虽小有言，以终吉也。

在讲解道理之前，先认识几个字，可增强对爻义的理解。

"沙"是会意字，由"氵"和"少"两部分构成，表示水如果变少，沙就会显现出来。本义指水中散碎石粒，有沙滩、沙漠、沙洲等意。班固《汉书·匈奴传》曰："幕北地平，少草木，多大沙。"《周易正义》说："沙，则近于险矣；言语之伤，亦灾害之小者。渐进近坎，固有此象；刚中能需，故得终吉。"

"衍"也是会意字，"氵"包裹在"行"中，表示水在江中流的意思。衍的本义指像诸侯朝见天子一样奔向大海，即"水朝宗于海"。

九二爻讲的是什么道理呢？向目标逐步靠近，来到护城河边，在沙滩上等待。水循河道流淌，等待的人尚未涉足其中。虽然受到一些人非难指责"有企图心"，但是耐心等待终究会获得吉祥。这是为什么呢？水者，坎也，险也。"需于沙中（护城河外滩）近坎险，固守清贞远旋涡"。有动机，有初步行动，尚未陷入竞争或征战的旋涡，依然固守清贞的品德，在这种情况下，虽稍受指责（小有言），但能够静待慎守就会少出过错，终将吉祥。因此说，"小有是非终有吉，静待慎守少过错"。

九三：需于泥，致寇至。

象曰：需于泥，灾在外也；自我致寇，敬慎不败也。

寇，从宀（mián）从元从攴（pō）。会意字，以手持凶器入室击打他人脑袋，表示入侵和强盗之义。此处指敌军或敌方。泥是形声字，氵为形，尼为声。

泥的本义指土和水的混合物。这里所说的泥，并不是普通意义上的泥。《周易正义》说："泥者，水傍之地，泥溺之处，逼近于难。""泥，将陷于险矣；寇，则害之大者，九三去险逾近而过刚不中，故其象如此。"

九三爻讲的是什么道理呢？需于泥潭致寇至，险中逐利劫中劫。向进发目标继续靠近，穿越护城河的时候，陷于护城河里的淤泥之中，更糟糕的是，由于不够敬慎，引起更为强悍的敌军（守城军）注意，前来袭击，险中逐利招致反击，其灾难由自我招致。敬慎防备，可以不败。当然是"好汉不吃眼前亏，敬慎不败避灾祸"为上啊！什么是"敬慎不败"呢？敬于天，依于道（规律），敏于物，慎于行，不阳刚乘猛，妥善周旋，那么，做事就不容易失败。

有时候我们面临灾难的根本原因是由于自身的欲望过多或过于强烈导致的！任何策略选择、动机和效果评估也很重要！《周易程传注评》："'需'之时，须而后进也。其义在相时而动，非戒其不得进也，直使敬慎，毋失其宜耳。"

六四：需于血，出自穴。

象曰：需于血，顺以听也。

《说文》解释："穴：土室也。从宀八声。凡穴之属皆从穴。""穴"是形声字，宀为形，八为声。穴的本义指挖土成洞，城墙根下的陷阱。此处比喻重险之地。

"血",指争夺城池惨烈的流血接触战。

六四爻讲的是什么道理呢？需于血兮出自穴,沉着顺命力逃脱。与护城军（悍匪）搏斗,发生流血,陷入灾难,在血泊中等待,不小心陷进城墙根底下的陷阱,必须沉着冷静,顺应时势,听天由命,以等待转机,逃脱性命。此时,居于劣势,处于被动局面,无法左右时局,那么,驯顺听天由命保全性命不失为一种策略选择。

九五：需于酒食,贞吉。

象曰：酒食贞吉,以中正也。

解读九五爻,我们从酒说开去。《说文》中有："酒：就也,所以就人性之善恶。从水从酉,酉亦声。一曰造也,吉凶所造也。古者仪狄作酒醪,禹尝之而美,遂疏仪狄。杜康作秫酒。"从字的形意上看,是被严严实实密封在臼中发酵可以饮用的液体。密封与发酵是古代酿酒的重要工艺,乃纯正天然饮品,适量饮用,有延年益寿之功效。

饮酒适度能渲情,纵酒过度则伤性。

饮酒,对度的把握,是考验人性的试金石。

古往今来,刘备桃园三杯酒奠定蜀汉基业；诗仙李白斗酒诗百篇；水浒好汉武松喝十八碗酒打死吊睛白额大虫；花和尚鲁智深醉酒倒拔垂杨柳……

需于酒食君王宴,心怀大志谋大业。

君侧虽荣有忧患,荣华富贵不迷惑；

身遇急流要勇退,柔顺恭从慎定夺。

战胜艰难困苦,进入了城邦或建立了邦国,基本实现了奋斗目标,战斗胜利,夺取了城池,体能消耗大,需要酒食补充营养。夺得城邦,饮酒庆功,庆祝胜利是必然的。与君王一起共事,虽有荣华富贵,是功成身退,还是与"虎"为伴,要谨慎定夺。面对富贵与凶险同在的权力旋涡，进退即（接近）离，要妥善把握，其核心与精髓是把握"贞吉""中正"之道，既是干事之道，也是全身之道。"守中持正才贞吉，谨防贪腐而堕落"。守持中道，恪守贞正吉祥。

《菜根谭》云："一念私贪，万劫不复"——人只一念私贪，便销刚为柔、塞智为昏、变恩为惨、染洁为污，坏了一生人品。故古人以不贪为宝，所以度越一世。因此，要防止贪腐与堕落。

酒池肉林极奢欲，纣王淫乐终灭国。

商纣王以酒为池，以肉为林，长夜宴饮。荒淫腐化、极端奢靡。历代晚期的帝王，多是淫暴之主，一味追求享受安乐。商代的贵族也多酗酒，据现代人分析推测，由于当时的盛酒器具和饮酒器具多为青铜器，其中含有锡，溶于酒中，使他们饮后中毒，身体状况日益下降。商末帝纣，是一个好色好酒的人，《史记·殷本纪》称："（纣）以酒为池，县（悬）肉为林，使男女裸相逐其间，为长夜之饮。"后人常用"酒池肉林"形容生活奢侈，纵欲无度。商纣王的暴政，加上酗酒，最终导致商代灭亡。周朝在商人的聚集地曾发布严厉的禁酒令。

上六：入于穴，有不速之客三人来；敬之，终吉。

象曰：不速之客来，敬之终吉。虽不当位，未大失也。

由外而来，寄居于家中的人谓之客。

不速之客三人来，陷穴得救无灾祸。

在攻取城池凯旋庆功的时候，常常被忽视的是落入城墙下陷阱中（入于穴，此处喻险之极）的战士。城市解放，人们欢天喜地，纷纷走到大街上载歌载舞，忽然有很多人来到陷阱附近，对落入陷阱的战士恭恭敬敬，以礼相待，他们终究会得到救助，脱离陷阱，结果还是吉祥的。

上面对需卦六爻进行了讲析，现在我们来看看黄寿祺、张善文在《周易译注》关于需卦洁静精微的总论与阐释——需卦发"需待"之义，阐明事物在发展过程中当耐心待时的道理。卦辞所谓"亨""吉""利涉大川",即是守正需待所致。卦中六爻,不论刚柔,各能容忍守静、敬慎待时,故或吉,或无咎,或化险为夷,皆不呈"凶"象。《折中》引吕祖谦曰:"需初九、九五二爻之吉,固不待言。至于余四爻,如二则'小有言,终吉',如三之象则曰'敬慎不败',四之象则曰'顺以听也',上则曰'有不速之客三人来,敬之,终吉'。大抵天下之事,若能款曲停待,终是少错。"案《论语·子罕》有一段记载:"子贡曰:'有美玉于斯,韫椟而藏诸,求善贾沽诸?'子曰:'沽之哉,沽之哉,我待贾者也。'"刘宝楠《论语正义》曰:"君子于玉比德。时夫子抱道不仕,故子贡借玉以观夫子藏用之意。'善贾'喻贤君也,虽有贤君,亦待聘乃仕,不能枉道以事人也。"孔子所言"待贾",意为"藏德待用":就"待"这一意义看,实与需的"守正待时"之旨相切。

第四节

前途光明,道路曲折,坚信一定会有好未来

> 待机之时,需要体能和精神意志力的双重储备与双重竞赛。这需要具备哪些心理素质和精神品质呢?

推翻腐朽的统治攻取城池建立邦国的目标是伟大的,前途是光明的,但是进军的途程并不一帆风顺,可能会遇到各种艰难险阻。"坎上乾下雨待时,前途光明路曲折"是"前途是光明的,道路是曲折的"道理的具体体现。

人们总是希望要做的事情能马到成功,一蹴而就,实际上,任何事情的发展并不遵从人的主观意愿,成就事业的过程充满了艰辛曲折乃至磨难,甚至面临灭顶之灾的严峻考验。面对这个问题,需要抛弃天真的幻想、侥幸的期盼、非分的企图、固执的偏好和不良的习性,要面向现实,明白"前途光明,道路曲折"的道理。在时机不具备的时候,善于创造条件积极等待;在遇到坎坷、困境、磨难、挫折的时候要审时度势,积极寻求改变;在遇到排斥、打击、斗争的时候,隐忍、迂回并非下策。因为条件不具备,时机不成熟,在等待中储备自己、改善自己、

提高自己，就上升到了战略选择的高度。

应该说，这种等待是体能和精神意志力的双重储备，也是双重竞赛。原因在于，"前途是光明的，道路是曲折的"。一方面，反映了事物发展与前进的规律是曲折而波浪式的。另一方面，可以坚定必胜的信心。"前途是光明的，道路是曲折的"，是说事物的发展是前进性和曲折性、上升性和回复性的统一，是否定之否定规律的表现形式。

第一，事物发展的总趋势是前进的、上升的，不断向目标靠近的。上升性和前进性是事物发展不可逆的基本方向和基本趋势。前进性就是指事物运动的方向是从简单向复杂、从低级向高级上升的。在由否定之否定所构成的一个完整发展过程中，每一次否定都是扬弃，克服和舍弃了旧事物中过时的、消极的要素，保留和发扬了旧事物合理的、积极的要素，并且增加了富有生命力的内容，因而每一次否定都是将事物推向较高的水平或阶段。这就是发展的上升性或前进性。基于这一点，我们干任何事业，都要有坚定的信心，对前景充满希望。

第二，事物发展的具体道路又是迂回曲折的。表明了事物发展不是一蹴而就的，事物发展道路不是直线的，而是一个曲线的过程，具有曲折性和迂回性。因此，前进过程中，既然选择了目标，就不要心存怨忧。向着伟大的目标进军，经历艰难曲折的过程是必然的，掌握待机之道将"光亨贞吉诚涉川，中正往功有收获"——具有诚实守信的品德，光明正大，做事才会吉祥亨通顺利，出外远行做事，就像渡过宽阔的河流那样会很顺利。恪守中正之德、前往建功立业，将有收获。

第六章
需卦——需以待机

第五节

需以待机，稳步求进不妄动

> 物初蒙稚，得养而成，不管什么事情，都应当顺其理待其时，不可妄为，要需待有方，即使面临艰难险阻，也能化险为夷。

物初蒙稚恒静待，待机大道柔怀斡；

蒙养得成受以需，以恒待机避谬祸。

"需"象征需待。物初蒙稚，得养而成，不管什么事情，都应当顺其理待其时，不可妄为，要需待有方，即使面临艰难险阻，也能化险为夷。天下各种事情，若能怀柔、斡旋、款曲停待，最终会少发生错误。时机没有来临事难成。遇事不要操之过急，也不要坐等机遇。隐忍保全，关键是戒惧谨慎，款曲停待，看准时机，相机而动，遵循规律，稳步求进，不贸然妄动。三国时期魏文学家李康在《运命论》中说："木秀于林，风必摧之；堆出于岸，流必湍之；行高于人，众必非之。前监（鉴）不远，覆车继轨。"

一个人要想立足于社会，不可清高自傲，一意孤行，必须适应环境，善于"忍耐"。正如英国大文豪威廉·萨默塞特·毛姆所说："富者能忍保家，贫者能忍免辱，父子能忍慈孝，兄弟能忍义笃，朋友能忍情长，夫妇能忍和睦。"

在人生的道路上，常常面临险难、困厄之境，要想获得成功，必须具备承受挫折、失败和痛苦、寂寞的心理素质。"忍"便是支撑一个人自强不息、奋斗不已的精神支柱，不论遇到什么困苦，始终能伸屈自如、化危为安。做到隐忍，宜低调而不张扬、谦逊而不骄傲、善于斡旋、通达而不沉溺。懂得隐忍的人，有很强的心理定力，善于韬光养晦，不会冲动行事或我行我素，定能化险为夷，转危为安。

《系辞下》云："君子安其身而后动，易其心而后语，定其交而后求，君子修此三者，故全也。危以动，则民不与也；惧以语，则民不应也；无交而求，则民不与也；莫之与，则伤之者至矣。"此修身保全之法，正是需卦之德的体现，凡事须渐养以成，不可急于求成。

《系辞下》又云："《易》之兴也，其当殷之末世，周之盛德耶？当文王与纣之事耶？"周文王在人微言轻势单力弱之时，如果扬言反对商纣王，当然没有人会响应他的号召，而且必将招致杀身之祸。周文王遭幽囚羑里后，增修其德，大厘其政，潜心积蓄力量，不断发展壮大，最终赢得属于他的天下。等到武王观兵孟津起兵推翻殷商王朝，有八百诸侯不期而至，起兵助战。需卦所阐述的，其实就是周文王、周武王推翻殷商王朝建立西周王朝的艰难隐忍图强的过程及相关启示。

需卦警语箴言

坎上乾下雨待时　　前途光明路曲折
光亨贞吉诚涉川　　中正往功有收获
前险刚健而不陷　　饮食宴乐避蹉跎
艰难险阻重重障　　顺理待时不妄作
静待不躁获吉祥　　款曲停待少谬错
时机未到耐心等　　慎戒柔正运帷幄
位卑体健需于郊　　不急不冒不妄作
路途遥远有险阻　　隐忍保全恒帷幄
需于沙中近坎险　　固守清贞远旋涡
小有是非终有吉　　静待慎守少过错
需于泥潭致寇至　　险中逐利劫中劫
好汉不吃眼前亏　　敬慎不败避灾祸
需于血兮出自穴　　沉着顺命力逃脱
君侧虽荣有忧患　　荣华富贵不迷惑
身遇急流要勇退　　柔顺恭从慎定夺
需于酒食君王宴　　心怀大志谋大业
守中持正才贞吉　　谨防贪腐而堕落
酒池肉林极奢欲　　纣王淫乐终灭国
不速之客三人来　　陷穴得救无灾祸
物初蒙稚恒静待　　待机大道柔怀鞯
蒙养得成受以需　　以恒待机避谬祸

第七章

讼卦 —— 谋始慎讼

 讼 天水讼

第一节
看天水违行,叹人心私贪

天向西转,水向东流,双方目标相违背,背道而驰,如此卦象喻示纷争诉讼,您可以看看这个比喻有没有道理?

俗话说:"人为财死,鸟为食亡。"这话不无道理。

天下纷争,多纠于利!

从事物发展的链条看,需卦所阐述的是,人生或事业发端之后,在条件尚不具备、时机尚不成熟之时,通过"饮食宴乐"而待机以成其事的道理。

这个过程看似平静,其实,潜藏着巨大的风险与危机。饮食宴乐,口中要有吃食,对于一个人,可能是一顿饭、一天的饭、一个月的饭、一年的饭;而对于一支讨伐征战的部队来说,就不那么简单了,一顿、一天、一个月的人吃马喂都无法保证征战需要,因此,保障和供给就必须上升到战略地位来对待,否则,纵有百万军队,也无异于败兵枯骨,所以,在历史长河征伐的烽烟中,会屡屡发生偷袭火烧乌巢等事件。

乌巢故址在今河南省延津县境内,公元200年官渡之战爆发,袁绍

屯粮于乌巢，曹操亲率五千精兵夜袭乌巢，成功地烧毁了袁军的所有粮草物资，袁军大败于官渡。

我们现在国家太平，无天下混战，那就广募人才开公司办企业吧，人毕竟不是生活在真空里，回避不了"饮食宴乐"的物资保障供应问题。在童话中我们经常听到"他们过上了幸福生活"的浪漫事，可现实生活中，没有充足的物资保障供应，不可避免会发生摩擦争斗诉讼，陷入纠纷的深渊，最终可能耗散人的意志，造成队伍涣散，企业凋敝，关停并转。

这么看，饮食宴乐、物资供应，就不能视同儿戏了。

对待这方面的问题，姬昌在观察天地间万物时，看到了什么样的景象？给出了什么样的开示呢？

在羑里的日子里，西伯侯姬昌随着日升日落，常常看着向西运转的天空与滔滔东流的河流发呆。

风云变化的天地间常常出现这样的景象：雷电雾雨，纷纷扰扰，好端端的云彩愣是婆娑一地，山洪暴发，泥石流肆虐，道路被冲毁，楼房倒塌，洪水泛滥，汇入江河，向东奔流。从相对的角度看，天，越来越清爽高远向西挪移，江河之水则难以平复心中遏制不住的不平心情，喋喋不休地向东而去，一泻千里，总有发泄不完的怨愤和不满。

天与云水本应和谐共处，像乾卦所阐释的那样，"品物流形"，催生万物，但是由于各自秉性相异，目标相悖，行为背道而驰，离心离德，结果距离越来越远。

反复揣摩"天与水违行"的景象，姬昌陷入了深深的沉思，自从继承西伯侯位以来，犬戎、密须、黎、邗（qín）、崇等国从来不消停。

犬戎是古代族名，又叫猃狁（xiǎn yǔn），古代活跃于今陕、甘一带。

密须，据史书记载，远在唐虞夏三代时，在今甘肃灵台县有一个叫密须的古地，至殷商时正式建立古密须国。

黎为古诸侯国名，在今山西黎城。

邘，周文王征服的部族，西周建立后为诸侯国名，周武王之子邘叔之封地。春秋时为郑邑。在今河南沁阳市西北西万镇邘邰村。

崇国，古地名。夏、商、周都有崇国。虞夏之际因为夏禹之父鲧建造城郭有功，尧把崇地封给了鲧，并让他负责管理那里的土地和人民，称"崇伯鲧"。周代的崇国可能在丰、镐之间的关中地区，位于今陕西西安市鄠邑区一带，是一个很古老的国家，公元前1051年被周文王灭，并在此建都作丰、镐两京。

那时候，"国"很多，"邦"不少，当时的邦国充其量也就是现在一个地市的行政建制。

天天钩心斗角，打过来，打过去，倒是很热闹。这些小国从来都不消停，争来打去，不就是为了土地、财宝、美女、粮食吗？根源不就是私心贪欲过重吗？姬昌自己勇武勤快先后把他们给收拾了，可是，武力治乱不治本。要解决这类问题，必须从思想根源上解决好心理问题。

于是姬昌描摹卦象"讼：天水讼，乾上坎下"，给出了"象曰：天与水违行，讼。君子以作事谋始"这样的开示。

对避讼、戒讼、止讼、息讼，西伯侯苦口婆心给出风险警示与忠告。

信，则天下太平！

悖，则世界陷于纷争！

讼卦上卦之象为乾为天为阳，其性质向上，下卦之象为坎为水为阴，其性质向下，两象相斥，并且天往上升，水向下坠落流动，"天与水违行"，双方目标相违背，背道而驰，这便是讼卦的卦象。

讼卦象辞是说：天西转而水东流相违背而行，象征不和睦而争讼，有德行修养的人对此深有感悟，要引以为戒，在办理事情的时候，须深明慎初治本之理，当先"谋"其"始"——例如宣明章纪、判明职分、洽谈要约、明确罚则等，以杜绝争讼于未萌之前。

《说文》曰："讼，争也。从言，公声。"表示许多人同时说话。本义指争讼、争辩、争斗。《经典释文》曰："争也，言之于公也。"讼卦象征争讼。天向西转，水向东流，双方目标相违背，背道而驰，如此卦象喻示纷争诉讼不无道理。因此，君子做事要从中受到启发，做事时要预先谋划好，慎争戒讼。讼卦所揭示的是物欲纷争驱驰物利必然引发的争讼之道。

看自然纷扰物象，不免联想到俗性十足的人。虎狼贪婪十足的习性，人一样也不少，而且，身陷权力、利益旋涡里的人，可能求之更甚，姬昌收拾的那些小国或部落首领，哪个都不是省油的灯！

私心贪欲膨胀，诚信受阻，侵害他人或公众利益，是纷争执讼的根源。

这就好比人们各自怀着私心，多为自己的利益着想，思想不能统一起来。所以人们在争夺利益的同时，便会引发争斗，常常引发诉讼。

市场经济通过市场杠杆自行调解，发挥了作用，繁荣了经济，但是"向钱看！向钱看！向钱看"的负面作用不容忽视，为了钱，假烟、假酒、假药、假学历……时有出现，诚信受到严峻的考验，药品安全、食品安全、互联网安全成了国人最大的担忧。

诚信是社会安定的基石，现在，我们不妨先看看讼卦的开示，对我们走出诚信危机的怪圈和精神危机的怪圈有什么好处。

第二节

探争讼根源，看人性善恶

人性善恶争执几千年，带有主观色彩，没有太大的实际意义。应该从人的本能着眼。作者跳出善恶之争的怪圈，从植物趋光向阳看，人的本能具有"利己排他性"，存在自私自利的私心，利欲失衡，诚信受阻，常常会纠结产生纷争，发生诉讼，这是必然发生的事情。

讼卦卦辞是"讼：有孚窒，惕。中吉，终凶。利见大人，不利涉大川"。

讼卦彖辞是"讼，上刚下险，险而健讼。讼，有孚窒，惕，中吉，刚来而得中也。终凶，讼不可成也。利见大人，尚中正也。不利涉大川，入于渊也"。

要了解讼卦卦辞和彖辞的意思，我们要首先学习下面几个字：

窒。《说文》解释："窒：塞也。从穴至声。"塞，阻塞不通。《吕氏春秋·尽数》有"精不流则气郁，郁处头则为肿为风……处鼻则为鼽（qiú）为窒"的说法。

惕。"惕是形声字，忄为形，易为声。惕的本意表示敬的意思，即小心谨慎。"从象形表意看，不管是日月更迭，还是小鸟飞翔，大的变化迹象和小的变化细节都要放在心上谨慎对待，才称之为惕。中吉，指坚持中正之道会吉祥。终凶，指最终结果凶险。

渊的甲骨文、金文之象形字像一个中间有水回流的深潭，本义指回旋的水。有深潭、深池之义。比喻灾难或麻烦事。

讼卦象征争讼，产生这种情况，是诚信被阻塞导致的（有孚窒），面对利益纠纷和争讼这样的事情，要小心谨慎对待（惕）。日常的争讼是怎么产生的呢？面对利益，阳刚之气上撞，面临凶险不知畏惧，双方或多方都不谦忍退让，而坚持中和之道对待与处理争讼是吉祥的（中吉；刚来而得中），不会导致损失和伤害扩大与升级，若始终争讼不息，则有凶险，穷极争讼不能成功（终凶；讼不可成）。利于拜见德高望重的、圣明的大人物（利见大人）指点迷津脱离争讼的状态或局面，崇尚守正持中（尚中正）进行决断，不适宜于去做像跋涉大山大河那样的大事铤而走险，恃刚乘险将陷入深渊。

乾天西转坎水东，背向而行起纷争；

利见大人不涉川，惕中吉祥最终凶。

荀子在《国富》中说："欲恶同物，欲多而物寡，寡则必争矣。"

关于人性的善恶，从春秋战国的百家争鸣到现在的《百家讲坛》，争执了几千年，争得面红耳赤的，都是孟子、荀子之类翘楚，几乎是一言足以定乾坤的人物。

这种争执，在象牙塔里、佛道坛内、荒郊野外，以掷骰子为教具，玩一玩，不负责任，也互不受伤害是可以的。反正他们有的是时间，闲着也是闲着，只要不误导民众视听面对利益做出错误抉择，他们爱讨论什么就讨论什么。

进入现实社会中，如果还像书呆子或古学究那么天真地想问题，可

第七章
讼卦——谋始慎讼

就不行了。

害己！

也害人！

对人性缺乏正确认识和判断，在与人交往中会有吃不尽的苦头。此所谓"可小事，不可大事"。

在重大决策上可能会发生天大的失误。

宋太祖赵匡胤杯酒释兵权，当年与其一起打天下的，到晚年都有了妥当的安排，只是交出了兵权，还算不错。

与明太祖朱元璋一起打天下的开国功勋可就惨了，几乎后来都被朱元璋杀了，只有刘伯温和徐达逃过了劫难。

关于人性善恶的争执，带有主观色彩，没有太大的实际意义。

观察人、对待人，我们应该从人的本能着眼。抓住这个关键，很多问题就迎刃而解了。

人的本能是什么样的呢？一言以蔽之——"利己排他性"。自我、偏狭、固执、封闭，由于人的本性导致了精神危机，在精神危机的深渊中人们越陷越深，难以自拔。

关于人性，为什么要跳出善、恶之争的怪圈，而从"利己排他性"的本性来看待呢？我是从长时间观察植物向阳趋光的本性得到的启示。相近的两排树，相邻内侧的树枝并不繁茂；而外侧则繁茂异常。当群山万木丛生的时候，每一棵树，都拼命向天空伸展枝叶，唯恐得不到阳光而夭折。

人的本性是"利己排他性"，这是一个重要的哲学概念，《易经》六十四卦所讨论的道德修养问题，都是基于对人"利己排他性"的本性认识为基础的，如果人性都是善的或恶的，也就没有必要制定道德伦理规范。

针对人的本能本性，克己修德，养成互尊互爱的美德，营造和睦友善的关系，才能为深陷精神危机的人们提供修养身心、增益美德的法则。增强心理品质，我们才可能脱离精神危机的深渊。

耳提面命的说教是苍白的！

陷入深重的劫难，痛定思痛，深刻反省，才有可能幡然醒悟！

由于人的本性具有"利己排他性"，存在自私自利的私心，利欲失衡，诚信受阻，常常会纠结产生纷争，发生诉讼，这是必然的事情。

对待争讼应小心谨慎行事，坚持中正之道吉祥，不管处理得好，还是不好，最终结果都是凶险的。处在争讼关系之中，居上者刚健，居下者凶险，居于险境之人不肯让步，则加剧争讼态势。

面对争讼，要慎初重视本源，进行正确引导，避免争讼事件发生。争讼事件既然发生了，要把握正确有效的原则，避免争讼事态扩大或升级造成更大的伤害。人应该有正确的利益观，人与人之间应该有良好的信任合作关系。现实生活中，基于占有欲，受趋利好财心理驱使，在一定范围内存在诚信受阻的现象，有些人、单位的合法权益受到他人的侵害，就会发生争讼。

争讼是由于契约签订时考虑不周全导致的。因此，一定要认识到：

乾天西转坎水东，背向而行起纷争；

利见大人不涉川，惕中吉祥最终凶；

诚信受阻是根源，趋利纷争是表征；

利欲失衡常纠结，互不相让易生讼。

居于争讼之中或有争讼不平之心态，不宜于去做像跋涉大川大河那样的大事，因为容易掉进凶险的灾难旋涡。

第七章
讼卦——谋始慎讼

第三节

面对利益纷扰，崇尚中正慎争

> 持中不偏可吉祥，刚强乘险陷困境。遇事相争不可长，守正持中可避凶。
>
> 讼卦六爻警示应该注意六个方面的问题。陷于诉讼纷争中的人要看，经常洽商重要事情的人更要看。懂得这些道理，不一定占便宜，但可避免重大损失与灾祸！

乾为刚健，坎为险陷。刚与险，健与陷，彼此反对，定生争讼。

持中不偏可吉祥，刚强乘险陷困境。

遇事相争不可长，守正持中可避凶。

从避免争讼发生和正确处理争讼事件的角度看，在利益面前，应该坚持中正的原则，慎思"当"与"不当"，妥善处理好利益关系，慎争戒讼。对争讼最终的结果，要有良好的心理准备和承受能力，胜不喜极，败不伤悲过度。知足常乐，不争强好胜，在处理争讼上，坚持调和的原则，持中不偏，互谦互让，不刚强乘险，否则会陷入困境。要明白"作事谋始重本源，讼不可极禄不争"的道理，在谋事之始要慎重，从事情的起始就止息事端，消弭芥蒂，防患于未然，免得陷于争讼的泥沼，在面对利欲纷争之时要平和，超然得失之外，避免事态扩大升级，造成心理伤害或性命之忧。否则，参与争讼者，即使打赢官司，也不一定会得到利益，结果会造成沉重的心理伤害。

对待争讼，要慎思慎为。发生争执是否争讼，讼卦六爻分析了六种情况，需要慎重定夺，妥善对待。

初六：不永所事，小有言，终吉。
象曰：不永所事，讼不可长也。虽小有言，其辩明也。

面临争讼或争讼初起时，头脑中要有端正的思想认识——"不可长久为斗讼之事，以讼不可终也"（孔颖达《周易正义》），不要轻易与人陷于争讼之中，不可久缠于争讼事端而长久不停；争讼会受到一些非难和指责，与人争讼毕竟是不可长久之事（不永所事）。诉讼与罢讼要慎重而为。发生争讼尽管会受到一些非难和指责（小有言），但是，双方经过协商调解或裁决，或判明是非公道（辩明），或维护利益，或放弃诉求，结果是吉祥的（终吉）。

九二：不克讼，归而逋，其邑人三百户，无眚。
象曰：不克讼，归逋窜（竄）也。自下讼上，患至掇也。

九二爻中，有几个字，简单解释一下：

眚。《说文》说："眚：目病生翳也。从目生声。"眚是形声字，目为形，生为声，本义指眼睛生了翳，引申为眼病，又引申为各种疾病。还引申为日食。眚还指灾异，又引申为过失、过错。

窜（竄）。《说文》说："竄：墜也。从鼠在穴中。"窜是形声字，穴是形，串为声。繁体的竄字是会意字，由代表洞穴的穴字和老鼠的鼠字组合而成，意思是老鼠在洞穴里。窜的本义是隐藏、躲藏。《左传·襄公

第七章
讼卦——谋始慎讼

二十一年》曰:"罪重于郊甸,无所伏窜。"

掇通辍。《说文》解释为:"辍,车小缺复合者。从车叕声。"辍是形声字,车为形,叕为声。一说辍是会意字,车代表车队,叕表示联结,两部分合在一起的意思是表示车队稍有间断又重新连接起来。辍的本义指停止、中止。

九二爻说的是什么意思呢——"官司失利走为上,邑户三百避灾眚""以下讼上祸自生"。小事没有争讼的价值,明辨是非也就可以了,小人物讼告大人物没有什么好处,下级状告上级也难以得到好处,否则容易招惹祸事。打官司失利,走为上策,赶快逃亡(逋)回来。因为自己处于下位,与有权有势的人打官司,必然不能胜(克)诉而且会有灾祸降临,要像老鼠逃窜进洞穴里躲藏(窜)起来那样,跑到三百户而不是三万户人家的地方生活有利于避难。"若能以惧归窜其邑,乃可以免灾;邑过三百,非为窜也,窜而据强,灾未免也。"(王弼注)这是因为跑到只有三百户人家的地方生活,没有聚众造反与暴动或报复之嫌,可避免围剿与追杀,当然可以避祸,灾患因而辍止。

六三:食旧德,贞厉,终吉;或从王事,无成。
象曰:食旧德,从上吉也。

臼不常用,长出苗飞来小鸟,谓之舊(旧)。

旧,祖辈。《左传·襄公十四年》曰:"今余命女环,兹率舅氏之典,纂乃祖考,无忝乃旧。"

六三爻说的是什么意思?食旧德,系指安享祖上留下的家业与社会资源(关系)等余荫,吃喝不愁,坚守正固(贞),处处小心防备危险(厉),不参与争讼,终会获得吉祥(终吉);如果辅佐君王建功立业,成功后不归功于自己。朱熹说过"是自做不得,若从随人做,方为得吉之道"。说明顺从上级,可以获得吉祥的结果。六三爻告诉人们,要安分守己，不与人争，做到这一点，可以保俸禄不失，虽有危险，最终结果还是吉利的。

九四：不克讼，复即命，渝。安贞吉。
象曰：复即命，渝。安贞不失也。

本爻有三个字需要解释一下：

"复"的本义是在曾经走过的路上行走，又指回来或回去。

《古代汉语字典》解释为：命是形声兼会意字。甲骨文的令和命是一个字，上面像木铎的铎身，下面是一个跪着在听候命令的人。金文增加"口"，表示用口下令。黄寿祺和张善文的《周易译注》说："命，理也，犹言'正理'"。

"渝"是形声字，氵为形，俞为声。渝的本义指变污浊。引申为违背，变更。

打官司败诉，回心归就正理，改变争讼的念头，安顺守持正固可获吉祥，不会再产生损失。

理解此爻，"渝"是关键。表明对待争讼的态度与观念发生转变。强调变刚为柔，化讼为和，始讼终退。杨简在《杨氏易传》里说："人惟不安于命，故欲以人力争；今不讼而即于命，变而安于贞，吉之道也。"

九五：讼元吉。
象曰：讼元吉，以中正也。

"公正判决获吉祥，公正之吉因中正"。明决争讼，有了公正的判决结果，大为吉祥。原因在于得到公正裁断。

此爻是处于裁决之位法官的忠告：秉持中正之德，秉公办案，会有公正的结果，对涉及争讼的任何一方，都至为吉祥，故"元吉"。历代多位易学家注释可以佐证。《周易集解》引王肃曰："以中正之德，齐乖争之俗，'元吉'者也。"《王弼注》："处得尊位，为讼之主，用其中正，以断枉直；中则不过，正则不邪，刚则无所溺，公则无所偏：故'讼，元吉'。"赵汝楳在《周易辑闻》里说："大人在上，平诸侯万民之讼，至于见逊畔逊路而息争，吉孰大焉。"

上九：或锡之鞶带，终朝三褫之。

象曰：以讼受服，亦不足敬也。

锡。《说文》解释为："锡，银铅之间也。从金，易声。"锡通"赐"。《尔雅·释诂上》有："锡，赐也。"

鞶。《说文》解释为："鞶：大带也。"从革般声。《古代汉语字典》说："鞶是形声字，革为形，般为声。鞶的本义指用皮革制作的带子。"

朝："朝，拜见，朝见。"

褫。《说文》解释为："褫：夺衣也。从衣虒声。读若池。"《古代汉语字典》说："褫是形声字，衤为形，虒为声，褫的本义指剥去衣服。"

上九爻辞用打比方的方式讲述深刻的道理——"赐之鞶带三褫之，争讼虽胜亦无荣"。君王偶然赏赐给饰有皮束衣带的华贵衣服，在一天退朝之前却多次被剥下身来。打官司胜诉，也不是什么荣耀的事情，就像获得君王的赏赐可能在一天之内多次又被剥夺回去一样，并不可靠。说明争讼得来的利益，没把握，不可靠，即便赢了官司，不一定得到利益，得到了利益也不一定能保得住。阐明了"讼"不可极、"禄"不可争的义理，对待争讼利益，要有超然之心。

讼卦六爻，讲析了争讼可能遇到的种种情事和应该注意把握的相关原则，现在我们来看看黄寿祺、张善文的《周易译注》对讼卦洁静精微的总论与阐释——讼卦并非教人如何"争讼"，而是诫人止讼免争。卦辞一方面指出：必须在"信实"被止塞的情状下才能"起讼"；另一方面深诫：讼事应当持"中"，若讼极不止必凶。卦中九五喻"听讼"尊主，以中正、明决获"元吉";余五爻皆身系讼事,其中初六不与人争而获"终吉"、九二败讼速退而获"无眚"、六三安分不讼亦获"终吉"、九四败讼悔悟而获"安贞吉",惟上九穷争强讼,自取"夺赐"之辱。可见,全卦大旨是始终申言"讼"不宜穷争、应及早平息的道理。当然,若要杜绝争讼,务须治其本源。《大象传》称"君子作事谋始",提出"作事"之初先防"讼"于未萌的观点,即是强调凡事先明确章约、判定职分,使讼无从生,争无由起。王弼《周易注》引孔子曰:"听讼,吾犹人也,必也使无讼。"(语见《论语·颜渊》,又见《礼记·大学》)此语正合《大象传》的精蕴:既揭出讼卦的象外之旨,又反映了古人追求息讼免争、人人平和的社会理想。

第四节

防事态恶化，妥协互让好态度

> 讼字当头和为贵，息诉止讼是佳境。
> 听起来文绉绉的，这可是面临诉讼需要把握的重要原则，需要用心领会。

遇事相争不可长，守正持中可避凶；

讼字当头和为贵，调和互让息事宁；

上刚下险而健讼，息诉止讼是佳境。

争讼直接对双方造成伤害或经济损失，双方妥协互让可以避免伤害与损失的进一步扩大，同时，第三方在查明事实、分清是非的基础上依据法律，充分说理、耐心疏导，促使纠纷双方对争议的问题进行平等协商、互相谅解、消除隔阂，帮助他们自愿达成协议，对有效解决纠纷将起到积极的促进作用。面对诉讼纷争，一是坚持守正持中的态度可以避免凶险；二是双方谦和互让做出牺牲可以息事宁人；三是息诉止讼是佳境，可避免事态扩大升级造成更大的伤害。

第五节

作事谋始，不是你的莫争抢

> 无讼在于谋始，谋始在于作制。最为宝贵的，是要有平常心，什么样的心才能称为平常心呢？送给您一颗心灵安详宁静的宝石——君子以不贪为宝！

争讼非善事，务必慎重戒惧。争讼所由起，是由于契约签订时考虑不周全导致的。"无讼在于谋始，谋始在于作制。"契约约定不明是争讼发生的根由，避免争讼，"便当每事谋之于其始"（朱熹语），在做事前要深谋远虑，从开始就要消除可能引起争端的因素，重大事项洽谈协议或制作方案，首先要多为对方着想，在开始就要谨慎谋断，考虑周全详尽，做到"物有其分，职不相滥"，把双方的利益都充分考虑到，存在的风险隐患和可能发生的风险损失都讨论清楚，双方都能以退一步的心态诚意合作，那么，哪里还有什么争讼呢？所以老子强调"有德司契"而不责于人。

在处理争讼上，坚持调和的原则，持中不偏，互谦互让，慎争戒讼，否则会陷入困境。发生争讼，也不要极尽能事，即使证据充足，由

第七章 讼卦——谋始慎讼

于各种因素官司不一定打得赢，打赢了官司也不一定能获得或追偿到相应的利益，得到了相应的利益又不一定保得住，保住利益也不知道又沾惹上什么灾祸。

从这件事推及开来，爵位利禄不必绞尽脑汁争抢，该是你的，自然而然会落到你的手中；不该是你的，抢到手也保不住。这是历代祖先面临争讼总结出的忠告，实质是要有正确的利益观。平常心和正确的利益观是无价之宝，也是安身安心之道。要以平常心和谨慎心对待利欲，慎争戒讼，在谋事之始要慎重，一开始就要想到结果，要从事情的起端就止息事端，消弭芥蒂，防患于未然，免得自陷于争讼的泥沼。在面临利欲纷争之时要平和，超然得失之外，避免受到心理伤害和性命之忧。特赋《平常心》诗云：

春有百花蜂争艳　　秋有皓月照峨眉
夏有清风宜心性　　冬有白雪鸿羽飞
朝观晨曦喷旭日　　暮看晚霞栖翠微
风吹云鬓心绪静　　波汹浪涌擎击水
得失淡定云天外　　遇事担当不推诿
生死自然平常事　　海阔天空任鸟飞
风中雨燕穿云过　　挫折跌倒莫颓废
未雨绸缪常蓄势　　暴风雨后彩虹美
遇事常怀平常心　　随时顺势有作为

东来紫气盈朱门　　南飘梅雨不嫌晦
西方极乐几人同　　北斗七星指向北
中正不倚待万物　　心态平和是大美
美心美性美至柔　　怀柔至极坚可摧
胸怀坦荡溪汇海　　心气平时生风雷

平心静气与人善　善怀天下而无为
无为而治是大道　厚德载物怡心扉
心扉洞开天地阔　虚怀若谷待是非
遇事常怀平常心　随时顺势有作为

第六节
树立正确利益观，天安地宁心气平

> 拥有正确的利益观，是心灵的福祉，能够避免争讼发生，这是社会和谐安定的思想基础。在日常工作生活中，您是否感觉有人总是与您过不去？在自己内心深处找过原因了么？

所谓利益观，是指人们对利益的总体看法和根本态度。面对利益是谦让还是索取，是独占还是均沾，将影响人际关系的状态，因此，"树立正确利益观"是处理好人际关系的重要基础。利益分对人民的利益和对个人的利益，前者是高级阶段，后者是低级阶段，前者与后者或同属之间均有利益冲突。前者的利益就是马克思主义所说的利益，就要坚持以大局为重，坚持服务、服从于大局利益。拥有正确的利益观，是心灵的福祉，能够避免争讼发生，因此，将会"天安地宁心气平"。

讼卦警语箴言

乾天西转坎水东　背向而行起纷争
利见大人不涉川　惕中吉祥最终凶
诚信受阻是根源　趋利纷争是表征
利欲失衡常纠结　互不相让易生讼
持中不偏可吉祥　刚强乘险陷困境
遇事相争不可长　守正持中可避凶
小事明辨莫诉讼　以下讼上祸自生
官司失利走为上　邑户三百避灾眚
食祖荫德厉终吉　败诉认命安于正
有理有据莫恃强　慎争戒讼尚中正
公正判决获吉祥　公正之吉因中正
赐之鞶带三褫之　争讼虽胜亦无荣
讼字当头和为贵　调和互让息事宁
上刚下险而健讼　息诉止讼是佳境
作事谋始重本源　讼不可极禄不争
树立正确利益观　天安地宁心气平

第八章

师卦——师出正道

 坤上 坎下 **师** 地水师

第一节

陷泥沼之地，悟容民蓄众

> 许多宝贵智慧是在经历意外时激发的，在羑里，西伯侯姬昌曾身陷泥沼，切身感受到地中有水，水泥混合，土壤黏结。不管是人还是动物一旦陷入其中，实在难以挣脱，因而悟出"容民蓄众"的"人民战争思想"。

讼卦阐述了争讼之道，对待争讼的原则、态度和劝告，如果双方都能听得进去，息事宁人、妥协互让，天大的纷争到此都可以平息。

不要相信所有的人都能够钻出牛角尖。

如果人人都能钻出牛角尖，哪还会有战争？社会不就安定和谐了嘛！那设立公检法司等国家机关还有什么必要呢？

说得再有理，有的人就是不信！要不，同事、邻居、亲戚、朋友中怎么会有人干出五花八门丧心病狂的事——因一垄地杀人；买卖东西差一元钱要人命；因为言语冲突将人家的孩子从童车里抓起来当众

摔死。

这里所说的都不是什么大事,充其量只是社会万象中的小儿科。

穿越千年看历史,任何朝代更迭,都有血淋淋的教训。

西伯侯姬昌的心里清静吗?

犬戎、密须、黎、邗、崇国等,为什么一定要收拾,因为他们都不是省油的灯,也不是省心的主,令人烦恼的是,他们消停不下来,有时偷偷摸摸,有时张牙舞爪,总是到西伯侯姬昌的地界抢东西,有时候,还抢人做奴隶。

抢就抢了呗,竟然广而告之。

古代没有大规模杀伤性武器,但跟跑马戏似的暴动、冲突、小战争不断,回避不了,必须面对。如何应对这些问题,姬昌满脑袋都在想,流放在羑里,他就瞎溜达起来,山上山下、山谷草地。一场意外,西伯侯姬昌惊出一身冷汗,事后越想越后怕。他一不小心,陷入泥泞的沼泽里,越是挣扎往出爬,就陷得越深,要多可怕有多可怕!

人不该死,冥冥中似有神助,一阵风起,吹响婆娑树叶,附近一棵大树的一根比较粗壮的树枝在他的眼前摇曳起来,忽高忽低,忽左忽右。西伯侯静下来,一次、两次、三次……他终于抓住树枝,小心翼翼拽着树枝,慢慢地一步步艰难地摆脱泥泞之地。

晚上睡不着觉,辗转反侧,思来想去。

为什么身陷泥泞沼泽之地难以脱身?因为地中有水,水泥混合,土壤黏结,不管是人还是动物一旦陷入其中,实在是难以挣脱。

西伯侯使用发散联想法,用最短的时间,最迅捷的方式,一下子就联想到统兵打仗,几乎是爆发性地顿悟了军事战略原则问题,阐述了用兵之道。

请看师卦卦象是如何描摹与开示的:

"师,地水师,坤上坎下。"

第八章
师卦——师出正道

"象曰：地中有水，师。君子以容民畜众。"

师卦讲的是军事原则问题，在工作生活中也到处能用得到。

如果您是班组长带领一支团队、部门领导手下有几个或几十号人需要安排工作、单位领导有成百上千上万人需要带好班子管好队伍、自己办公司属员分布在各大洲，在国内分布在华东、华北、华中、华南、华西等区域……不妨挤出点时间，了解一下相关军事原则问题，对管理下属和带队伍有好处。

如果您带过队伍，能够迅速步入堂奥。

蒙卦引导的，是思想意识形态领域建设。师卦阐述的，是统兵打仗带队伍抓好团队管理。一个抓思想意识形态，一个抓队伍，二者都很重要。

不抓住人心，怎么管好队伍啊！

不抓组织建设，怎么形成凝聚力和战斗力。

首先，了解一下"师"。 师是会意字，繁体为師，从帀（zā），从㠯（duī）。㠯是小土山，帀是包围。四下里都是小土山，表示众多。师为众，师是部属兵士众多的意思。师是古代军队的一级编制，名称沿用至今。按《周官·大司马》中记载，藏兵于农，每户出一人，五人为一伍，五伍为一两，四两为一卒，五卒为一旅，五旅为一师，五师为一军。按这种推算一师就是两千五百人。

我在做人事工作的时候，常常有人问"编"是什么，对"编"很感兴趣，深切渴望要一个"编制"，那意味着有工资，有五险一金，有保障。生存压力这么大，他不想当师长，也不想当旅长，不想发明创造，除了吃饭睡觉混日子，就想要个"编制"，也是人之常情和基本需求。

部队的"编"是战斗力单位，有一定的费用标准和一定的军需物资供应跟着，也需要有杀伤力期望值。单位的"编"差不多也这样。

按照西伯侯姬昌的想法,关于部队的"编",老百姓要不要都给?必须给。

关键在于养育好,动员好,组织好,发挥好作用。

在现在的企业中,有的人领导也当了,薪酬也拿了,管理作用倒没怎么发挥好,上级追责,找理由,找借口,推责任,就是不愿意检讨自己。给"编",给人,给人力资源费用,工作做不出来,有什么好说的?

其次,了解为什么"地中有水"象征"师"。释师卦上坤为地、下坎为水之象。《周易集解》引陆绩曰:"坎在坤内,故曰'地中有水';师,众也,坤中众者,莫过于水。"

再次,了解一下何谓"容民畜众"。容,是会意字,由表示房屋的"宀"和表示山谷的"谷"两部分组合而成,房屋和山谷都可以作为纳入东西之处。容的本义指容纳,盛。《说文》解释为:"民,众萌也。从古文之象。"《广雅》曰:"民,氓也。"——土著者曰民,外来者曰氓。《谷梁传·成公元年》中说:"古者有四民,有士民,有商民,有农民,有工民。"畜通蓄,蓄养。"众"的甲骨文字形像许多人在烈日下劳动,本义是众人、大家。《说文》解释为:"眾:多也。从乑、目,眾意。"所谓容民畜众,指节用爱人,容纳百姓养育民众。

最后,谈谈为什么有"容民畜众"的启示。身陷泥泞,姬昌感受到泥和水混合在一起,具有极强的亲和性和黏结性,紧紧地黏结在一起,就说那泥泞沼泽地,任何入侵者只要钻入泥泞中,就会深陷其中,要想逃脱,简直比登天还难。这就好比君与民的关系,也契合到这种程度,万众一心,团结一致,共同对敌,同仇敌忾,任何敌人来犯入侵,必将被坚决彻底消灭。师卦象辞:"地中有水,师。君子以容民畜众。"——地中有水之象为师卦卦象,效仿地中有水之象可以体悟用兵之道,坎为水、为险;坤为地、为顺,地水师行险而顺,地中藏聚着水源,象征着兵众,要广泛发动群众、组织群众,节用爱人,容纳百姓养育民众,寓

第八章
师卦——师出正道

兵于民，藏兵于民，平时务农，战时成兵，危急时刻，处处是人民战争的海洋。《周易正义》："水不外于地，兵不外于民，故能养民则可以得众矣。"

第二节

容民畜众，全民皆兵谁不怕

> 用兵的关键在于得到民心。得到民心，可以说就是清明的政治了。清明的政治，就是能够忧虑人民的疾苦和忧患，除掉民众的灾祸。所以，对内如果能够做到政治清明，对外军队就会强大。

师卦卦辞为"**师：贞，丈人吉，无咎。**"——说的是用兵打仗，出于正道（贞）并任用贤明的长者（大人），吉祥不会有灾难。《周易正义》曰："若不得大人监临之，众不畏惧，不能齐众，必有咎害。"

师卦彖辞为"**师，众也；贞，正也。能以众正，可以王矣。刚中而应，行险而顺，以此毒天下，而民从之，吉又何咎矣！**"——师，是部署众多的意思，贞，即坚守正固。能统众多部署，坚守正道，可以成就君王之业。统帅居中正之位而刚毅，兵士行于坎险之中而顺应，用这种方法攻伐天下，民众便会顺从，很吉祥，怎么会有灾难呢？

在这里，对"毒"字需要特别解释一下，否则容易误读误释。毒，统治。这个意思只在古文里有。毒在做统治解释时不带贬义，应当注意

第八章
师卦——师出正道

类似"秦以无道毒天下"的翻译,应该是秦国以无道昏庸统治天下,而不是秦国以无道昏庸毒害天下。元代胡炳文在《周易本义通释》中曰:"'毒'之一字,见得王者之师,不得已而用之;如毒药之攻病,非有沉疴坚病,不轻用也。其指深矣。"毒可释为"攻治"之意。

下面,我们看看"容民畜众"在历史长河的军事实践中,从理论升华角度看,有什么样高度的认识;从军事实践角度看,缔造了什么样的辉煌?

先看军事理论——

以"贞观之治"久享盛名的唐太宗李世民令魏徵、虞世南、褚遂良等整理历代帝王治国资政史料,撷取经、史、诸子百家中有关修身、齐家、治国、平天下之精要,汇编成《群书治要》,是为李世民"偃武修文""治国安邦",创建"贞观之治"提供警示的匡政巨著。《群书治要》的显著特点是"博而要",可谓"用之当今,足以鉴览前古;传之来叶,可以贻厥(jué)孙谋"的治世宝典。

《群书治要》之《政要论·兵要》中说:"夫兵之要,在于修政,修政之要,在于得民心,得民心,在于利之,利之之要,在于仁以爱之,义以理之也。故六马不和,造父不能以致远;臣民不附,汤、武不能以立功。故兵之要在得众者,善政之谓也。善政者恤民之患,除民之害也。故政善于内,兵强于外。"

这是说,用兵的关键在于修明政教,修明政教的关键在于得到民心,要想得到民心,在于让百姓得到利益,使百姓得到利益的关键,在于用仁爱之心爱护他们,用道德仁义来治理他们。所以说,驾车的六匹马如果不互相配合,即使是造父也不能驾驭马车跑得远;没有大臣和民众的拥护,即使是商汤、周武王也不能够建功立业。所以说用兵的关键在于得到民心。得到民心,可以说就是清明的政治了。清明的政治,就是能够忧虑人民的疾苦和忧患,除掉民众的灾祸。所以,对内如果能够做到政治清明，对外军队就会强大。

《群书治要》之《吴子·图国》中说："吴子曰：古之图国家者，必先教百姓而亲万民。民有三（三作四）不和——不和于国，不可以出军；不和于军，不可以出阵；不和于阵，不可以进战；不和于战，不可以决胜。"

这段话的意思是：古代谋求治理国家的君主，必先教化百姓亲爱万民。军事行动若有四种不和谐的情况，不可贸然行动：君臣上下不和谐，不可以出兵；军队将士不和谐，不可以上阵出战；行列队伍不和谐，不可以进军作战；行止进退不和谐，就不可能取得胜利。

第八章
师卦——师出正道

第三节
兴仁义之师，帅德贞正服广众

师出正道。孟子说：得天下必先得民，得民必先得民心。

老子认为，"兵者，不祥之器，不得已而用之，恬淡为上。""乐杀人者，则不可得志于天下。"——战争是凶恶的工具，实在不得已的时候才用到它，性情恬淡、胸怀宽广、心存国家危亡的人是驾驭战争的首要人选，而嗜杀成性、性情残暴的人不适宜于实现志向统治天下。战争关系着人民的生命，国家的存亡，天下形势的割据，所以用兵必须慎重。

拯救危乱，师出正义，兴师用兵，为不得已而为之。

持正的"仁义之师"，才可攻伐天下使百姓服从。

《群书治要》之《吴子·图国》对战争兴起的原因、名义、平息方法进了剖析。"凡兵所起者五：一曰争名；二曰争利；三曰积恶；四曰内乱；五曰困饥。其名又五：一曰义兵；二曰强兵；三曰刚兵；四曰暴兵；五曰逆兵。禁暴救乱曰义；恃众以伐曰强；因怒兴师曰刚；弃礼贪利曰暴；国危民疲，举事动众曰逆。五者之数，各有其道：义必以礼服；强必以谦服；刚必以辞服；暴必以诈服；逆必以权服。此其势也。"

也就是说，大凡战争的兴起有五种原因：一是争夺名誉；二是争夺利益；三是积怨日久；四是内部动乱；五是饥荒贫困。起兵的名义也有五种：一是正义之师；二是恃强之师；三是愤怒之师；四是凶暴之师；五是违逆天理之师。禁除残暴制止动乱叫义；依靠兵多将广而讨伐他人叫强；因为愤怒而起兵叫刚；抛弃礼义贪图利益叫暴；不顾国家危难、人民劳苦而兴师动众叫逆。平息这五种战争，各有不同的方法：正义之师必用礼来使其折服；恃强之师必用谦让来使其顺服；愤怒之师必用辞令来说服；凶暴之师必用奇诡之术来制服；违逆天理之师必用权宜之法来制服。这是其面临的形势所决定的。

《孟子·公孙丑下》中说："得道者多助，失道者寡助。寡助之至，亲戚畔之；多助之至，天下顺之。"合乎正义者就能得到多方面的支持与帮助，违背正义的就会陷入孤立无援的境地。帮助他的人少到了极点，内外亲属都会背叛他；帮助他的人多到了极点，天下人都会归顺于他。在这里，我们把"道"理解为"正义"。那么，什么叫"正义"？《现代汉语词典》解释："正义"指"公正的、有利于人民的道理"。这是富于现代气息的解释，与其最初含义一脉相承。在孟子看来，"民心向背"对于战争具有根本性的意义，对于政治同样具有重要的意义。《孟子·离娄上》中说："得天下有道——得其民，斯得天下矣；得其民有道——得其心，斯得民矣。"得天下必先得民，得民必先得民心。所谓的"得民"，就是得到人民的支持、拥护和帮助。所谓的"得天下"，是指通过施行仁政来"王天下"，而不是单靠武力来争夺天下。施行仁政的君王，必然赢得民众的拥戴；上下一心，众志成城，是无人可敌的。

第四节

选帅重德才，小人乱邦怎能重用

> 统兵选帅是重中之重，应任用德才兼备的人。
>
> "勿用"是不能重用，但不是不用。对"小人"，要给点事让他忙起来，但不能把他推到对立面。残酷无情打击"小人"，往往会招致丧心病狂的报复。

统兵选帅是重中之重，应任用德才兼备的人。

用兵胜负在于择将选帅，应任用德才兼备的人，统帅必须中庸公正，老成持重，不可好战喜功，可获吉祥，没有灾祸。选准德才好的主帅，自然会训练出纪律严明的威武之师，才会兴兵作战师出正道，才会凯旋。

司马光在《资治通鉴》第一卷中说："夫才与德异，而世俗莫之能辨，通谓之贤，此其所以失人也。夫聪察强毅之谓才，正直中和之谓德。才者，德之资也；德者，才之帅也。云梦之竹，天下之劲也，然而不矫揉，不羽括，则不能以入坚；棠溪之金，天下之利也，然而不熔范，不砥砺，则不能以击强。是故才德全尽谓之圣人，才德兼亡谓之愚人，德胜才谓之君子，才胜德谓之小人。凡取人之术，苟不得圣人、君子而与之，与其得小人，不若得愚人。何则？君子挟才以为善，小人挟才以为恶。挟才以为善者，善无不至矣；挟才以为恶者，恶亦无不至矣。愚者虽欲为不善，智不能周，力不能胜，譬之乳狗搏人，人得而制之。小人智足以遂其奸，勇足以决其暴，是虎而翼者也，其为害岂不多哉！夫德者人之所严，而才者人之所爱。爱者易亲，严者易疏，是以察者多蔽于才而遗于德。自古昔以来，国之乱臣，家之败子，才有余而德不足，以至于颠覆者多矣，岂特智伯哉！故为国为家者，苟能审于才德之分而知所先后，又何失人之足患哉！"

意思是：才能与德行是不同的两回事，而世上的俗人一般分不清楚，一概而论称之谓贤明，往往会看错人。所说的才，是指聪明、明察、坚强、果毅等品行；所谓德行，是指正直、公道、平和待人等品质。才能是德的辅助；德行是才的统帅。云梦生产的竹子，天下都称其为刚劲，然而如果不矫正它的弯曲，不配上羽毛，就不能作为利箭穿透坚硬的东西；棠溪那个地方出产的铜材，天下认为精利，然而如果不经熔铸，不锻造出锋芒，就不能作为兵器刺穿硬甲。所以说，德才兼备才称之为圣人；无德无才则称之为愚钝的人；德胜过才称之为君子；才胜过德则称之为小人。挑选人才的方法，如果找不到圣人、君子来辅助自己，与其得到小人，不如得到愚人。这是为什么呢？因为君子持有才干来做善事帮助他人；而小人持有才干来做恶事损人利己。持有才干做善事帮助他人，能无善不为；而凭借才干做恶事损人利己，就无恶不作。愚钝的人即使想作恶，因为智慧不济，气力不胜任，好像小狗扑人，人能够制服它。而小人的心机足以使他的阴谋得逞，他的力量又足以施展暴虐，这就如恶虎生长出翅膀，他的危害难道不大吗！有德行的人是令人敬畏的人，有才能的人是让人喜爱的人；对喜爱的人容易亲近，对敬畏的人容易疏远，所以察选人才者经常被人的才能蒙蔽而忘记了考察他

第八章
师卦——师出正道

的品德。自古至今，国家的乱臣奸佞，家族的败家浪子，因为才能有余而德行不足，导致家国覆亡的多了，难道仅仅是智伯吗？所以治国治家者如果能审察才能与德行两种不同的标准，知道选择的先后，又何必担心失去人才呢！

《史记·王翦白起列传》和《资治通鉴》所载史实可以佐证，秦始皇欲占领楚国，征求将领意见，李信说需要二十万人就够了，老将军王翦说需要六十万人，秦始皇任用李信出征大败而归，而后任用王翦出征，结果大获全胜，占领了楚国各地城邑。

错用小人将败乱邦国，不能重用小人，但不是不用小人。对小人不重用是基本原则。对小人给点力所能及的适当工作还是可以的，并不是要坚决不用而将他们推到对立面。因为任用经验不丰富、军事修养不足的无德"小人"，则凶险无比，将会牺牲无数战士，甚至导致国家灭亡。这是历史上无数流血失败总结出的教训。

《易经》多处提及君子与小人，唐代史学家吴兢撰写的一部政论性史书、后世治国理政的宝鉴——《贞观政要》，其中卷五诚信第十七魏徵谏言对君子与小人的差别进行了阐述："君子小人，貌同心异，君子掩人之恶，扬人之善，临难无苟免，杀身以成仁。小人不耻不仁，不畏不义，唯利之所在，危人自安。夫苟在危人，则何所不至？今欲将求郅治，必委之于君子；事有得失，或防之于小人。其待君子也则敬而疏，遇小人也必轻而狎。狎则言无不尽，疏则情不上通。是则毁誉在于小人，刑罚加于君子，实兴丧之所在，可不慎哉！此乃孙卿所谓：'使智者谋之，与愚者论之，使修洁之士行之，与污鄙之人疑之。欲其成功，可得乎哉？'夫中智之人，岂无小惠，然才非经国，虑不及远，虽竭力尽诚，犹未免于倾败；况内怀奸利，承颜顺旨，其为祸患，不亦深乎？夫立直木而疑影之不直，虽竭精神，劳思虑，其不得，亦已明矣。"

君子和小人外表一致，但内心并不一致。君子善于宽容别人的缺点，表扬别人的优点，在危难时刻绝对不会苟且偷生，即使牺牲自己的生命也要成就仁义的美德。小人却不然，他们不知羞耻，不讲仁德，不知敬畏，不守信义，只知道唯利是图，常常诬陷别人于危险境地而自己却苟且偷安于世。小人能够将危险推给别人，那么他还有什么事做不出来呢。现在，朝廷治理国家，将重任委托给君子，可是如果政务有所偏差，就向小人打探情况。对待君子，尊敬却很疏远。对待小人，轻视却又亲近。亲近小人，那么小人就会口蜜腹剑；疏远君子，那么朝廷就听不到真实情况。所以对人诋毁赞誉的权利实际掌握在小人手中，而受到刑罚处置的总是君子，这关系到国家的安危，陛下能不慎重对待吗？诚如孙卿所说的："让有智慧的人谋划，那么愚蠢的人就会议论；让品行高洁的人实行，那么卑鄙的人就会怀疑。要想事情成功，怎么可能呢？"具有中等智慧的人，他们也有自己的能力。可是他们非治国之才，缺乏深谋远虑，即使竭尽全力，仍然难免失败。更何况心怀奸邪私利、处处阿谀逢迎的小人呢，这些人难道不是国家的祸患吗？竖立直木，却怀疑它的影子不直，即使耗尽脑力也不能看到歪斜的影子，这是很明白的事。

　　《群书治要》之《体论》中说："天下大恶有五，而盗窃不豫焉。一曰心达而性险；二曰行僻而志坚；三曰言伪而辞辩；四曰记丑而喻博；五曰循非而言泽。此五者，有一于人则不可以不诛，况兼而有之。置之左右，访之以事，而人主能立其身者，未之有也。"

　　天底下最大的恶劣行径有五种，而盗窃不算在内。一是心性洞达事理而又用心险恶；二是行为怪僻却又意志坚定而不知悔改；三是言语虚妄而又善于狡辩；四是专记恶行而又到处大肆宣扬；五是随顺邪恶之事而且将其粉饰美化。这五种恶劣行径，只要有一种，就不可不杀，何况五种恶劣行径兼而有之？将这样的人安放在身边，向他询问对国家大事的看法，国君还能够端正自身的，这种情况从来没有过啊。

第八章
师卦——师出正道

第五节

帅德中正，壮丁训勇纪律严明

将帅要守中正之德，军队必须有严明的纪律。六爻点破了哪些奥妙？"师出以律""在师中吉""师或舆尸""左次无咎""小人勿用"都是怎么回事呢？

将帅要守中正之德，军队必须有严明的纪律。师卦六爻主要围绕帅德帅风进行诠释：

初六：师出以律，否臧凶。

象曰：师出以律，失律凶也。

律，本义指普遍施行的法度、法令、法规、规则。

否，不；坏，恶，不顺利；不通，壅塞。

臧，善，好。

出师征战必须要有严明的纪律，要号令整齐，行动一致，赏罚分明。如果军纪不良，指挥不灵，或兴非正义之师，必然要发生凶险。因此说，"兴兵当行仁义师，帅众务必持贞正"。

九二：在师中吉，无咎。王三锡（通赐）命。

象曰：在师中吉，承天宠也；王三锡命，怀万邦也。

九二爻说的是，在率师征战过程中，"帅德持中而不偏"——军中统帅持中不偏，按中正之道行事，可得吉祥，不会有什么灾祸；君王多次对其宠爱奖赏，并被委以重任，许多邦国知悉行正义之师的统帅受到奖赏，纷纷归向并依附，可以达到不战而胜的效果。

九二爻辞中有两个字顺便解释一下。

邦。《说文》曰："邦，国也。"邦是形声字。从邑，从丰，丰亦声。"丰"意为"春季三月，庄稼遍地，蓬勃生长"。"丰"与"邑"联合起来表示"靠种植庄稼自给自足的城邑"。本义指粮食生产国，农业国，古代诸侯的封国、国家。古代直属于天子的地方叫邦畿（邦畿方千里——《周礼·大行人》）；诸侯的封国和大夫之家叫邦家；诸侯的封国叫邦国。大的叫邦，小的叫国，后泛指国家。

怀。《古代汉语字典》解释为："怀在金文是会意字，像将东西怀挟在衣中。安抚，依附，归向。"贾谊的《论积贮疏》说："怀敌附远。"

六三：师或舆尸，凶。

象曰：师或舆尸，大无功也。

舆（𦥑）。甲骨文中的舆字像四只手抬着一个坐轿。本义指车厢，也指车。军队出征，或士兵不时用车运送战死者的尸体回来，不能知己知彼草率发动战争，或轻举妄动，都没有任何功绩可言。可谓"征战凯旋安万国，马革裹尸大无功"。

六四：师左次，无咎。

象曰：左次无咎，未失常也。

"师左次"是核心关键点，对其正确解读才不会偏离要义。经注集大成者高亨在广览诸家注疏基础上认同"军队驻于左方则无咎"，这个注解颇值得推敲。

要解读明白这个问题，需要弄清楚何谓左与右，关系又如何。《说文》说："左：手相左助也。""右：手口相助也。从又从口。"

第八章
师卦——师出正道

丁再献、丁蕾的《东夷文化与山东·骨刻文释读》中是这样说的——

左：根据隶定字形解释。会意字。从又从工。"又"意为"相助""互助""协助"。"工"指"工作"。"又"与"工"联合起来表示"按吩咐工作""辅助工作""协助工作"。本义指辅助。引申义指辅助的位置。"左"本义是"按吩咐工作"。按谁的吩咐呢？按"右（手）"的吩咐。"右"字从又从口，"口"表示"对左手吩咐"。自古以来，人类绝大多数都是"右撇子"，两手协同工作时，都是右手为主，左手为辅。右，形声。从口，从又，又亦声。"又"本义指"右手""主力手"。"口"意为"吩咐"。"又"与"口"联合起来表示"主力手出手，并吩咐左手帮忙"。本义指主力手、可以呼唤左手提供佐助的手。引申义指主力手的位置。明白了左右及其关系问题，自然就明白"左次"是按照吩咐和命令行事。

考究论证，需要科学严谨的态度。军事行动，更应该科学严谨。"军队驻于左方则无咎"，如果左方是大海、沟壑、河流怎么安营扎寨？如果左方是悬崖峭壁，怎么埋锅造饭？如果左方是敌军漫山遍野埋的地雷，驻扎在那里也安全吗？主观武断拍脑门，老学究们在象牙塔里爱怎么拍，就怎么拍，在军事行动中是非常可怕的事情。敌人不怕，糟糕的是事后自己害怕！战争不相信眼泪，更不相信"想当然"！

在军事战争中不能各自为战，不能各行其是。这与世界军事理论"服从乃军人天职"同出一辙，也是"师出以律"核心所在，是保证战争胜利的铁律。行军作战要遵从"服从乃军人天职"的纪律要求，做到这一点，就不容易招致失败等灾难，因为没有违背基本军事原则，能够保证行动步调一致。任何一个团队，做不到步调一致，就很难创造非凡的业绩。因此，对"胜败兵家乃常事，厚势保实勿懈松"要有足够的认识。

六五：田有禽，利执言，无咎；长子帅师，弟子舆尸，贞凶。

象曰：长子帅师，以中行也；弟子舆尸，使不当也。

"田"是象形字，就像一片阡陌纵横的田地。"囗"（wéi）为田的周围，里边的"十"像是伸向四面八方的田埂路。田的本义指种稻谷的生活。田又有在田野中打猎的意思，后用畋（tián）表示此义。田同"畋"。"田有禽，利执言，无咎。"用在田野打到猎物，比喻长子率军作战有所俘获，说明有战果就有发言权。

"禽"是什么呢？《尔雅·十七·释鸟》中说："二足而羽谓之禽，四足而毛谓之兽。"《古代汉语字典》说：甲骨文的禽字像下面有柄用来捕捉鸟兽的网。禽也表示猎获鸟兽。

委任有德长者统帅军队战无不胜，表明居中持正，行为有法度，必然获胜；委任无德小人，将运送战死者的尸体，大败而归，表明用人不当，必招致大败，将自食恶果。值得注意的是"贞凶"——如果选任德才不具备的"小人"，即使动机纯正，打的是正义战争，也摆脱不了败亡的灾难。

猎战有获激士气，统兵用人重中重；

长子帅师以中行，次子战败归来凶；

将帅选对吉而胜，用人不当师之凶。

上六：大君有命，开国承家，小人勿用。

象曰：大君有命，以正功也；小人勿用，必乱邦也。

大君（道德高尚的天子）颁布诏命，封赏功臣建立邦国和继承封邑（开国承家），小人决不可以重用，因为重用小人必将败乱邦国。

《周易正义》曰："上六处师之终极，是师之终竟也。大君谓天子也，言天子爵命此上六（按：凯旋告捷封赏之时），若其功大，使之开国为诸侯；若其功小，使之承家为卿大夫。"天子颁布了诏命，分封功

第八章
师卦——师出正道

臣，是为了按功劳大小而公正封赏。小人决不可以重用，因为重用小人必然危害并扰乱邦国。

出师征战必须有严明的纪律，要号令整齐，行动一致，赏罚分明。如果军纪不良，指挥不灵，必然会发生凶险。纪律严明有利于维护部队步调一致，军令畅通，是胜利的保证，每个战士必须严格遵守铁的纪律，接受约束，决不允许有令不行、有禁不止、各行其是。基本要求是个人服从组织、下级服从上级、全军服从最高总指挥。严明的纪律是胜利的重要保证。

以上我们对师卦六爻进行了全视角深刻的解读，现在我们再来看看黄寿祺、张善文的《周易译注》中关于师卦洁静精微的总论和阐释——师卦以"兵众"为名，阐发用兵的规律。卦辞强调两项原则：一、用兵的前提是"正"，即认为"能以众正"的"仁义之师"，可以"毒天下而民从之"（《彖传》）；二、出师胜负的关键，系于择将得当与否，故必用贤明"丈人"才能获"吉"。六爻分别展示用兵的各方面要旨：初六极言严明军纪的必要，九二揭明主帅成功的条件，六三陈述失利败绩的教训，六四指出撤兵退守的情状，六五申言"君主"择将的标准，上六体现论功行赏的法则。胡炳文曰："六爻中，出师驻师、将兵将将、伐罪赏功，靡所不载。其终始节次严矣。"（《周易本义通释》）从卦中所揭示的用兵要旨看，师卦堪称一部古代兵法的总纲；若从全卦反映的用兵须"正"的原则看，又可视为《易》者战争思想的提要。荀子说："彼兵者，所以禁暴除害也，非争夺也""此四帝、二王皆以仁义之兵行于天下也"（《荀子·议兵》）。马振彪论此卦曰："天下归德谓之王，王者之师有争无战。'东征西怨，南征北怨'，民望之如云霓，从之如归市，所谓'能以众正'，乃可王也。"（《周易学说》）此论似已道出师卦蕴含的早期军事思想的核心所在。

第六节

以正治国，以奇用兵

老子《道德经》："以正治国，以奇用兵，以无事取天下。"

《道德经》中关于用兵的说法如下："以正治国，以奇用兵，以无事取天下。吾何以知其然哉？以此：天下多忌讳，而民弥贫。民多利器，国家滋昏。人多伎巧，奇物滋起。法令滋章，盗贼多有。故圣人云：'我无为而民自化。我好静而民自正。我无事而民自富。我无欲而民自朴。'"

用兵打仗必须恪守贞正之道，以铁的纪律为保证，在具体战术上又要讲究出奇制胜。老子《道德经》中说：以无为、清静之道去治理国家，以奇巧、诡秘的办法去用兵，以不扰害人民而治理天下。根据在于——天下的禁忌越多，而老百姓就越陷于贫穷；人民的锐利武器越多，国家就越陷于混乱；人们的技巧越多，邪风怪事就越闹得厉害；法令越是森严，盗贼就越是不断地增加。所以有道的圣人说，我无为，人民就自我化育；我好静，人民就自然富足；我无欲，而人民就自然淳朴。

第七节

知己知彼，百战百胜

《孙子兵法》："知己知彼，百战不殆。""知彼知己，胜乃不殆；知天知地，胜乃不穷。"在商战、竞争、博弈中，您做到了么？

用兵打仗，在战略战术实施上，做到知己知彼、知天知地才有胜算。《孙子兵法·谋攻篇第三》曰："故知胜有五：知可以战与不可以战者胜；识众寡之用者胜；上下同欲者胜；以虞待不虞者胜；将能而君不御者胜。此五者，知胜之道也。故曰：知己知彼，百战不殆；不知彼而知己，一胜一负；不知彼，不知己，每战必殆。"《孙子兵法·地形篇第十》曰："知吾卒之可以击，而不知敌之不可击，胜之半也；知敌之可击，而不知吾卒之不可以击，胜之半也；知敌之可击，知吾卒之可以击，而不知地形之不可以战，胜之半也。故知兵者，动而不迷，举而不穷。故曰：知彼知己，胜乃不殆；知天知地，胜乃不穷。"

师卦警语箴言

坤上坎下危乱生　地中有水士兵众
引众犯险有战争　拯救危亡需用兵
兴兵当行仁义师　师众务必持贞正
得道多助失道寡　仁者无敌敌胆惊
自古民为兵本源　平战结合蓄农兵
帅德持中而不偏　壮丁训勇纪律明
三大纪律八注意　军风威赫敌胆惊
师乃神器不轻妄　肩负使命神而圣
师出正道顺民意　穷兵黩武罹咎凶
知己知彼百战胜　知天知地胜不穷
征战凯旋安万国　马革裹尸大无功
奇谋伟略藐敌人　军事思想放光明
敌进我退保实力　敌驻我扰出奇兵
敌疲我打歼灭战　敌退我追慎进攻
胜败兵家乃常事　厚势保实勿懈松
猎战有获激士气　统兵用人重中重
长子帅师以中行　次子战败归来凶
将帅选对吉而胜　用人不当师之凶
武植栋梁征战场　文种基柱谋成功
以正治国安天下　以奇用兵而制胜
长平之战血教训　纸上谈兵葬性命
开国承家以正功　小人乱邦切勿用
广纳聚养民为本　不战而胜慰苍生
刚中行险督天下　容民畜众国昌盛

第九章

比卦 —— 比乐和谐

在师卦部分，我们阐释了容民畜众的道理，得益于西伯侯姬昌身陷泥泞沼泽意外体悟"地中有水"的切身感受，深刻体悟出兴兵兴国之道。

脱离泥泞沼泽之地，西伯侯姬昌大病了一场，一个人孤寂、孱弱地在山洞里养病，饿了就以储藏的野菜干、干果充饥果腹，体力一点点恢复起来。每当一想起身陷泥泞沼泽的意外，心里不免后怕，心里总在深入地想：为什么呢？

体力恢复得差不多，他又开始漫山遍野地到处溜达，不过，这回不管走到哪里，都格外谨慎，小心翼翼。他难以按捺好奇心，又溜达到事发现场，试探性地向泥泞沼泽靠近，认真观察，仔细看，除了那天身陷泥泞知道地中有水，他发现山坡山谷里坑坑洼洼中到处是水。看着看着，天上又下起小雨来，即使跑回山洞，也会被淋得湿，他披着蓑衣、戴着斗笠索性在雨中观察起雨水降落地表的情形。

雨小的时候，雨滴像精灵似的落下，钻入地下，地表的新草败叶湿乎乎的；雨一点点大起来，没有浸润到泥土中的雨水开始在坑坑洼洼中聚集；雨量变大，小坑洼中的水向外溢出，高处坑洼容纳不下的雨水溢出后不断向地势低洼的地方流去，追随雨水流动汇聚的趋势，他发现丰盈的雨水在山谷中汇集，形成溪流，走出山谷，发现其他山谷流出来的溪流也相继汇流到一起形成更加浩大的河流，奔出大山，奔向远方。

没有水，大地将是一片沙漠，水分充盈，大地处处是生命绿洲。

第一节

地上有水,亲比团结永远吉祥

> 西伯侯姬昌从"比,水地比,坎上坤下"认识到亲比、团结、和谐是凝聚力、向心力、战斗力,搞好亲比、团结、和谐,队伍就会坚强有力,国家就会强盛。

因为有一双善于发现的眼睛,在雨雾山中,观察地上有水的情形,西伯侯姬昌又一次获得惊人的发现与开示:

比卦卦象为:"比,水地比,坎上坤下。"

象辞为:"地上有水,比,先王以建万国,亲诸侯。"

地上有水为比卦,比卦象征亲密比辅。历代君王受启发明白这个道理,用以分封土地,建立万国,安抚亲近各地诸侯。

比卦揭示的是亲比、团结、和谐之道。亲比、团结、和谐是凝聚力、向心力、战斗力,搞好亲比、团结、和谐,队伍就会坚强有力,国家就会强盛。

上升到这个高度来认识事物,思考问题,西伯侯兴奋异常。

他疯疯癫癫喃喃自语着跑回山洞,用蓍草结绳记事、在龟壳上铭刻

第九章
比卦——比乐和谐

下感悟。监视他的看守发现这些举动，愈发认为他不正常。

西伯侯姬昌的心智很正常。我们不妨模拟一下，他是怎样思考这方面问题的？到底思考了哪些问题？有哪些宝贵的开示呢？

先看看何谓比？比（比𠤎𣬉𣬌），形声字。从二匕，匕亦声。甲骨文中的"比"像两个人步调一致，比肩而行的样子，所以本义是并列、并排的意思。隶定字形已经与甲骨文字形相脱离，不能据甲骨文字形解释。"匕"本义为"用匙把食物送入口中"，引申义为"美味"。"比"义为"两种食物同美"，引申义为"等列""同美"，再引申义为"评定优劣次序"。据《甲骨文编》，"比"字与"申"字基本构件完全相同，为妇女肘、膝同时着地、等待性交之状。故甲骨文"比"字本义为王者姬妾（相当于隶定字"妣"），而王者姬妾合于"等列""同美"之义。《象传》曰："辅也。"《说文》曰："比，密也，二人为从，反从为比。"

再看看土地和地上水的密切关系。地上有水，世界上没有比土地和水的关系再亲密的了。水得地而蓄而流，地得水而柔而润，水与地亲密无间。大地上百川争流，流水又浸润着大地，表明地与水亲密无间，互相依存，永不言弃。可以表述为：

比师互综地上水，水地柔密润四方；

地得水滋多柔润，水得地蓄涓涓趋；

地上有水甚亲比，贞正团结永吉祥。

比者，辅也，密也。比，象征亲密比辅。彼此能亲密比辅，贞正团结，自然吉祥。比辅应慎重选择对象，应择善而从，比辅于守持正固而有德行的长者为宜。在家庭、团队、集体、企业乃至国家之中，亲密比辅、团结和谐至为重要，亲密团结可以拉近心的距离，成员强烈的归属感、一体性和忠诚是向心力、凝聚力、战斗力的关键所在，作为领导或统治者要善于养护这善的根源，才能实现长久的比乐和谐。

地上有水甚亲比，贞正团结永吉祥；

以建万国亲诸侯，先王亲比树榜样。

　　这道出了先王的睿明之智——与诸侯臣民的关系应该亲比和谐而不是高高在上脱离群众。这正道出了领导者取信于民获得拥戴的根本原因。

第九章
比卦——比乐和谐

第二节

不宁方来，主动被动结果不一样

> 人是有惰性的动物，在安定状态中的人轻易不会寻求改变。不安定是亲比的前提条件，处在不安定状态中的人愿意亲比，才会纷纷前来亲比。亲比宜早不宜晚，宜速不宜迟。主动和被动的效果，就是不一样。

比卦卦辞为"吉，原筮，元永贞，无咎。不宁方来，后夫凶"。

比卦彖辞为"比，吉也，比，辅也，下顺从也。原筮元永贞，无咎，以刚中也。不宁方来，上下应也。后夫凶，其道穷也"。

理解比卦卦辞和彖辞，有几个字需要解释一下。筮在蒙卦中已经解释过，就是用蓍草结绳记事，这里指记录下来的宝贵开示。如果听信有的大师给您"占卜的内容吉祥"，估计您已经被误导到歧途上去了。

宁本作"寍（níng）"。从宀，从心，从皿。表示住在屋里有饭吃就安心了。后世假"宁"为"寍"，"宁"行而"寍"废。今用"宁"字作"寍"的简化字。本义为安宁、平安。

《说文》曰："凶：恶也。象地穿交陷其中也。"南唐文字训诂学家徐锴在《说文解字系传》中说:"恶不可居,象地之堑也,恶可以陷人也。"

辅:形声字。从车,甫声。本义:车旁横木。辅所以益辐,使之能重载。

卦辞与爻辞表达的基本意思是:比,象征亲密无间,团结互助,因亲比而吉祥。比,是亲辅的意思,在下者都能够顺从亲辅于上。秉持最初"先王以建万国,亲诸侯"的启示吉祥如意,没有咎殃(原筮)。亲比辅佐有德行的长者,长久不变地坚守正道,不会有祸害(元永贞)。亲比贵速,速则亲近,迟则疏远,应及早来亲比。人人都来亲比,所以先来亲比的人吉祥。先来亲比的互相已经形成亲密团结的氛围;迟滞赶来亲比的,易被疏远,难以融入团队,容易受到排斥打击,所以凶险(不宁方来,后夫凶)。

《周易正义》:"此是宁乐之时,若能与人亲比,则不宁之方皆悉归来。""亲比贵速,若及早而来,人皆亲己,故在先者吉;若在后而至者,人或疏己,亲比不成,故'后夫凶'。"人是有惰性的动物,在安定状态中的人轻易不会寻求改变。不安定是亲比的前提条件,处在不安定状态中的人愿意亲比,会纷纷前来亲比。亲比宜早不宜晚,宜速不宜迟。所以说,主动和被动的效果就是不一样。"不宁方来,后夫凶"讲的就是这个理。

第九章
比卦——比乐和谐

第三节

建万国，亲诸侯，先王亲比树立榜样

> 大地与水亲密无间，互相依存，难以分离，由于大地与水有着至诚致密的亲和团结而普济万物，万物才得以蕃息、长养。历代贤明君王明白这个道理，并将其运用于分封土地，建立万国，安抚亲近各地诸侯，以维护天下太平。现代治理企业、处理人际关系时此道理同样适用。

比卦象辞是"地上有水，比，先王以建万国，亲诸侯"。

解读象辞之前，有必要了解一下国家的演变与国家首脑和王侯相关的情况。

先王指上古贤明君王。唐玄宗认为"先代圣德之主，能顺天下人心，行此至要之化"。

"国"的发展演化是这样的——商周时期，人们聚居的地方称作邑。《说文》解释："邑，国也。"邑就是国。西周时期，人们表示"国家"的意思，一般用"邦"字。铜鼎铭文中的"國"字写成"或"字。《说文》解释："或，邦也，从口从戈，以守一，一地也。""或"字的

"口",指的是一个有栅栏围着的重要的生活地方。从早期的"或"字看来,"口"的四方都有一横,这一横很可能是"止"字的简化,表示这重地是有人在四边把守着的。后来这四笔简化成一笔;而"或"字的"戈"便是古代的兵器,字意是用武器保卫人民、保卫土地。后来,这个表示国家重地的"或"字,加了"土"旁,变成"域"字。1956年,中央颁行的简化字中,郭沫若先生将口内"王"字加一点简化为"国",避开了帝王的封建思想,说明我国"玉"文化有着悠久历史,玉是珍宝,又是美好事物的象征,其意思是让我们像爱护宝物一样珍爱自己的国家。

诸侯是古代中央政权所分封的各国国君的统称。周代分公、侯、伯、子、男五等,汉朝分王、侯二等。周制,诸侯名义上需服从王室的政令,向王室朝贡、述职、服役,以及出兵勤王等。周代初期实行将土地和臣民封给子弟、功臣以建立诸侯国的制度。

上古有姓有氏。姓是一种族号,氏是族的分支。不少古姓如姜、姬、姚、嬴、姒等都加女旁,这暗示先民曾经经历过母权社会,后来由于子孙繁衍,一族分为若干分支散居各地,每支有一个特殊的称号作为标志,这就是氏。

周代的姓氏制度和封建制度、宗法制度有密切联系。贵族有姓氏,一般平民没有姓氏。贵族中女子称姓,男子称氏,这是因为氏是用来"明贵贱"的,姓是用来"别婚姻"的,二者的作用不同。

西周的诸侯有同姓、异姓之别。周王室及其同姓封国如鲁、晋、郑、卫、虞、虢、吴、燕等国都是姬姓诸侯,在盟会时居于异姓的前面。异姓不少是曾与周王室有婚姻关系的,还包括褒封的前代后裔。异姓封国如齐是姜姓,秦是嬴姓,楚是芈姓,宋是子姓,越是姒姓等。

在众多封国中,最重要的有卫、鲁、齐、宋、晋、燕等国,其国君

第九章
比卦——比乐和谐

地位较高。诸侯受封时要举行册封仪式，谓之赐命。周天子为受封者颁布册命，宣布疆土范围、土地数量，以及所封给的属臣、奴隶、礼器和仪仗的数量。受封的诸侯必须承担镇守疆土、出兵勤王、缴纳贡赋、朝觐述职等义务。周初的诸侯由中央统一控制。春秋时，诸侯强大，周王室衰微，诸侯脱离了周天子的控制并出现了割据纷争的局面。汉以后也称分封的诸王和列侯为诸侯。

有了对国家相关情况的了解，比卦象辞的开示就容易理解了。

卦象为坎（水）上坤（地）下，象征地上有水。大地上沼泽密布、百川争流、海洋（海洋也是大地的孩子）广阔，流水浸润着大地，表明大地与水亲密无间，互相依存，难以分离，由于大地与水有着至诚致密的亲和团结而普济万物，万物才得以蕃息、长养。没有水，大地将是干涸的沙漠荒原，离开大地的水将是缥缈的云翳，游弋于寂寥的太空。历代贤明君王受启发，明白这个道理，所以将其运用于分封土地，建立万国，安抚亲近各地诸侯，由诸侯亲近百姓维护天下太平。

朱熹曾云："建万国以比民。言民不可尽得而比，故建诸侯使比民，而天子所亲者诸侯而已。这便是它比天下之道。"通过亲比，使诸侯与其邑国中的民众各安其所，而增强国家的凝聚力。

亲比原则同样适宜现代企业建设。领导必须与中层及员工融为一体，企业才能有活力和战斗力。

退一步讲，日常与人打交道，也能多交几个好朋友。个人真正遇到点什么事，还有几个随帮唱曲的，也不至于孤单。

第四节

比乐和谐，择善而从切莫偏枉

> 比卦六爻有奥妙：亲比团结有"孚比""比之匪人""内比""外比""显比""比之无首"等多种情形。诚信是贞正团结的根本，有怀德来远之功效，是决定诚信为重要外交原则的关键所在。亲比，要亲近贤明，远离奸佞邪恶小人或势力团伙。

贞正团结诚为本，远恶亲贤心不妄。

诚信是贞正团结的根本，有怀德来远之功效，是决定诚信为重要外交原则的关键所在，坚持此原则对外亲比，要亲近贤明之人，远离奸佞邪恶小人或势力团伙。

面对复杂变乱纷繁的世界环境，从国际交往看，坚持此原则开展外交尤为重要；从和谐邻里构建方面看，此原则同样很重要。要慎重选择比乐亲辅的对象，择善而从，这与离卦推演的"以正附正"原则，同为亲比的精髓所在。

"诚信广善，远恶亲贤"八个字道出了亲比的基本原则与交友之道的

第九章
比卦——比乐和谐

真谛。几千年历史实践进一步诠释和验证了这一真谛,我们不妨看看比卦六爻是怎么说的:

亲比团结有多种情形:"孚比"——讲究诚信比附团结;"比之匪人"——与外部不良之人勾结;"内比"——内部比附团结;"外比"——与外部比附团结;"显比"——光明正大地交往而比附团结;"比之无首"——与众人亲密团结、互助友爱但自己不居于领导地位。比卦六爻对相应情形分别进行阐释。

初六:有孚比之,无咎;有孚盈缶,终来有它,吉。

象曰:比之初六,有它吉也。

何谓"孚比"?具有诚实守信的德行(有孚),亲密团结,不会有灾祸;"缶,瓦器,所以盛酒浆",诚信的德行如同美酒注满了酒缸(有孚盈缶),因为讲诚信,他方的人会纷纷前来归附(有它),结果是吉祥的。讲究诚信,是亲比和谐增进团结的关键因素,人与人交往以诚相待至关重要,诚信是亲比团结的黏结剂,不讲诚信的交往亲比,不会有好的结果。

以诚结友酒满缸,诚信美德永留芳。

在我们日常生活中,不讲诚信地交往,充其量也仅是昙花一现而已,难以结出丰硕的果实,不会维持长久的友谊。

六二:比之自内,贞吉。

象曰:比之自内,不自失也。

何谓"比之自内"?一个国家、一个民族、一个单位、一支团队首先要做到内部团结,达到"内比团结凝聚力"的状态——内部亲比团结可以增强凝聚力。吉祥,自身不会遭受损失。内部团结,坚如铜墙铁壁,外来因素轻易不会干扰与侵入,敌对势力难以战胜,当然不会因为自身的原因产生损失。

六三：比之匪人。

象曰：比之匪人，不亦伤乎？

何谓"比之匪人"？不搞内部团结，却与行为不端正的人交往，内外勾结，而且打得火热，关系亲密，很容易受到伤害。

"外比匪人易受伤"——交损友，有害无利。《周易学说》引刘沅："凡居者之邻，学者之友，仕者同僚，皆当戒'匪人'之伤焉。"抗外敌高奏民族凯歌，汪精卫等甘当日本走狗……纵观历史，汉奸哪一个有好下场？

六四：外比之，贞吉。

象曰：外比于贤，以从上也。

什么样的人是贤人？贤（賢），形声字。字从贝，从臤（qiān），臤亦声。左边的"臣"，是竖立的眼睛，意为"主人的眼睛"。右边的"又"，是手。下面的"贝"，指钱币、财富。眼睛和手控制钱。本义指管理钱的人。多财，即从这个意思引申出来。因此，《说文》解释："贤，多才也。"《庄子·徐无鬼》说："以财分人之谓贤。"指有德行，多才能。贤人就是有才有德的人，所爱好、厌恶的情感与人民完全相同，想要选择与舍弃的事物与人民完全一致。行事完全顺应天道、地道、人道客观规律，处理问题能够标本兼治，尤其注意从根本上解决。所说的话能够作为天下人的行为准则，按照他说的话去做就能成功。身为平民时有志向、有抱负，希望能够身居高位为人民造福，成为王侯将相时也不积攒财物。

何谓外比？在对外交往中恪守贞正之德，互相信任，亲密团结，努力结交善于量入为出、精打细算、有理财才能、会过日子的贤明之士，

第九章
比卦——比乐和谐

尽力辅佐圣明的君主，其结果是吉祥的。"外比贤明共大业，贞正诚信善脉广"——外交原则应该贞正、诚信，可以广结善缘，人脉广大。

西伯侯姬昌悟透了这个道理，后来离开羑里遍访明贤，拜会姜子牙，奠定西周王朝。

九五：显比；王用三驱，失前禽，邑人不诫，吉。

象曰：显比之吉，位正中也。舍逆取顺，失前禽也。邑人不诫，上使中也。

何谓显比？《说文》解释："显，头明饰也。"《尔雅》解释："显，见也。"显比是指光明正大地交往。"王用三驱"说的是什么意思？指君王打猎时让卫队从左、右、后三面把猎物驱赶到中间以便射猎。诫，用作"骇"，惊吓。

"王用三驱是显比，舍叛纳顺民吉祥"——光明正大地交往，君王采用三面包围的方法狩猎，网开一面，有意放走逃奔在前面的健壮的野兽，这也是遵循自然选择的法则，可以猎获一些孱弱的动物，放生那些健壮的动物以便繁殖旺盛的种群。对这种行为，乡野中的老百姓对君王狩猎毫不惊惧。这是为什么呢？主要有两个原因，其一，君王保持中正之道治国，平易近人，深入民众，人民欢喜。其二，遵循自然选择规律，不灭绝种族，给万物以繁衍的机会，其仁爱之心深深打动民众。君王亲比普天下的民众，以仁义之心治理天下。君王深入民间，与民同乐，百姓不惧怕君王，自然给君王点赞。

光明正大地交往，是应该广为推崇的美德。《周易程氏传》云："非惟人君比天下之道如此，大率人之相比莫不然。以臣于君言之，竭其忠诚，至其才力，乃显其比君之道；用之与否，在君而已，不可阿谀逢迎，求其比己也。在朋友亦然，修身诚意以待之；亲己与否，在人而已，不可巧言令色，曲从苟合，以求人比之比己也。与乡党亲戚，于众人，莫不皆然。"

上六：比之无首，凶。
象曰：比之无首，无所终也。

何谓"比之无首"？与众人亲密团结、互助友爱但自己不领先居首，将有凶险，说明自己将来没有可以归附的生活，无立足之地，将有凶险。凶险在于没有凝聚力中心，将出现无政府状态。

比之无首无所终，无以立足将有凶。

殷商纣灭天数尽，周公平逆心不妄。

现在，我们不妨选取历史片段，来看看比与不比有何区别？

周公平叛可以说是中国历史上亲比的典范。武王灭商后，为安抚商朝遗民，分封纣王之子武庚为殷侯，留在商都。同时，又派自己的弟弟管叔、蔡叔、霍叔三人留在殷地监视武庚，历史上称之为"三监"。武王死后，他年仅十三岁的儿子成王诵继位，由武王的弟弟周公旦辅助他管理朝政。这引起管叔、蔡叔、霍叔的不满，他们在外散布谣言，说周公有野心，想篡夺王位。一时谣言沸扬，引起了成王和大臣召公奭（shì）等人的疑虑。武庚见有机可乘，忙串通"三监"联合东方的奄（yǎn）（商朝古地名，今山东省曲阜市）、徐（今江苏省徐州市，历史上为华夏九州之一）、蒲姑（今山东博兴县东北有蒲姑城）等国起兵反叛。周公身处内外交困之境，恳切地对召公做了解释，表明自己决无篡位的野心，消除了召公的误解，稳定了周王室内部。随后，周公带兵东征，经过三年的苦战，杀武庚、管叔，放逐蔡叔，罢黜霍叔，灭掉了东方五国，平定了叛乱。周公东征，扩大和巩固了周王朝的统治，为西周社会经济进一步发展扫清了道路。

天大，地大，人众多，必须相亲相辅，亲比的动机必须纯正，亲比的原则必须诚信为本。内外、上下、彼此之间光明无私相比辅，互相尊

第九章
比卦——比乐和谐

重、互相支持、互为友朋，才可获得吉祥。

当然，还必须择善固执，远恶亲贤，宽宏包容，切莫强求。

避免"比之无首，无所终也"之凶险，历史上的"尊王攘夷"颇耐人品味。

"尊王攘夷"出自《春秋公羊传》，意为"尊勤君王，攘斥外夷"。齐桓公执政以来，在管仲的辅佐下，经过了内政、经济、军事等多方面改革，有了雄厚的物质基础和军事实力，适时打出了"尊王攘夷"的旗帜，以诸侯长的身份，挟天子以伐不服。

平王东迁以后，周天子权威大大减弱，诸侯国内的篡权政变和各国之间的兼并战争不断发生。与此同时边境族群趁机入侵，华夏文明面临着空前的危机。

春秋时期的齐桓公在管仲的辅佐下尊崇周天子，并数次发动帮助诸侯国攘斥夷狄战争而大获赞赏，其事迹被后世称为尊王攘夷。

"尊王"，即尊崇周王的权力，维护周王朝的宗法制度。鲁僖公四年（公元前656年），齐桓公率领诸侯进入楚国，质问楚国为何不按时向周天子进贡祭祀所用的茅草而导致祭祀大典无法及时进行。楚国承认了自己的错误。公元前655年，周惠王有另立太子的意向。齐桓公会集诸侯国君于首止（今河南睢县东南），与周天子结盟，确定太子的正统地位。次年，管仲，齐桓公因郑文公从首止逃脱盟会而率联军讨伐郑国。过了几年，齐桓公率多国国君与周襄王派来的大夫会盟，并确立了周襄王的王位。公元前651年，齐桓公召集鲁、宋、曹等国国君及周王宰孔会于葵丘。周公宰代表周王正式封齐桓公为诸侯长。同年秋，齐桓公以霸主身份主持了葵丘之盟。此后遇到侵犯周王室权威的事，齐桓公都会过问和制止。

"攘夷"，即对游牧于长城外的戎（周朝西方少数民族为戎）、狄（周朝北方少数民族为狄）和南方楚国（长江流域诸侯国）对中原诸侯的侵扰进行抵御。公元前664年,山戎伐燕(今河北省北部辽宁省西部一带,今北京市及其附近),齐军救燕。公元前661年,狄人攻邢(今河北邢台市及周边大部分地区),齐桓公采纳管仲"请救邢"的建议,打退了毁邢都城的狄兵,并在夷仪为邢国建立了新都。次年,狄人大举攻卫,卫懿公被杀。齐桓公率诸侯国替卫国在楚丘另建新都。经过多年努力,齐桓公对楚国一再北侵进行了有力的回击,到公元前656年,联军伐楚,迫使楚国同意进贡周王室,楚国也表示愿加入齐桓公为首的联盟,听从齐国指挥,这就是召陵之盟。伐楚之役,抑制了楚国北侵,保护了中原诸国。齐桓公实行的"尊王攘夷"政策,使其霸业更加合法合理,同时也保护了中原经济和文化的发展,为中华文明的存续做出了巨大贡献。

"尊王攘夷"在中国历史上多为正面评价。朱熹说:"尊周室,攘夷狄,皆所以正天下也。"顾炎武更认为:"春秋之义,尊天王攘夷狄,诛乱臣贼子,皆性也,皆天道也。"

我们来看看黄寿祺、张善文《周易译注》关于比卦洁静精微的总论与阐释——比卦的要义,主于上下、彼此间的"亲密比辅"的道理。比卦先总称能"比"必"吉",又分叙"比道"的三大要素:一、选择比辅的对象必须慎重,即"原"情"筮"意而后比;二、应比辅于有德长者,永守正道;三、亲比之时,移速不宜缓。卦中六爻,九五阳刚居尊,为被人比辅之象;余五爻阴柔分居上下卦,均为比辅于人之象。其中初六、六二、六四不失"比道",各能获吉;六三亲比不得其人,上六居后无所比附,并失"比道",或不利,或凶。就六爻间的联系看,其大旨在于,不论"比"于人,还是被人"比",均当正而不邪、顺而不逆、明而不晦。事实上这是涉及人与人关系的一个具有普遍意义的问题,其中尤为重要的是主、从关系的处理。九五所以能为一卦尊主,正是基于"大公无私"、以"信"亲下的原因,遂获众人争相比辅。程颐称其"众所亲附,而上亦亲下"(《周易程传注评》):实是"尊卑"关系至为融洽的象征。当然,作《易》者设立比卦的思想宗旨,或是偏向于维护、稳固"上层统治"着想,《象传》所谓"比,辅也,下顺也",已揭出这一微旨。荀子云:"六马不和,则造父不能以致远;士民不亲附,则汤、武不能以必胜。"(《荀子·议兵》)这亦与下顺从之义相合。

第五节

中正博爱，亲密比辅共荣光

> 坚持中正之德，博爱民众，体恤民众，亲密团结，与民同乐，这是重要的治国原则，是赢得民心的根本。在治理企事业团体或家庭中同样适用。

坚持中正之德，博爱民众，体恤民众，亲密团结，与民同乐，这是重要的治国原则，是赢得民心的根本。此原则在治理企事业团体或家庭中同样适用，须臾不可离开，否则将离心离德，出现分崩离析的局面。在家庭、团队、集体、企业乃至国家之中，成员间应该精诚团结，求大同，谋求理想、志向的一致；存小异，彼此宽容和尊重个性的差异，相互依存，同舟共济，互相敬重，相互帮助，共同提高，合作共进，共担责任，共享利益和成就。

中正治国博爱众，亲密比辅共荣光。

这是比较理想的和同的境界。团结与稳定，是压倒一切的大局，能够为科学发展的中心工作提供强有力的保证；是全民共同的使命，也是共同的光荣。

比卦警语箴言

比师互综地上水　　水地柔密润四方
地得水滋多柔润　　水得地蓄涓涓淌
地上有水甚亲比　　贞正团结永吉祥
以建万国亲诸侯　　先王亲比树榜样
不宁方来后夫凶　　主动被动不一样
以诚结友酒满缸　　诚信美德永留芳
内比团结凝聚力　　外比匪人易受伤
外比贤明共大业　　贞正诚信善脉广
贞正团结诚为本　　远恶亲贤心不妄
王用三驱是显比　　舍叛纳顺民吉祥
比之无首无所终　　无以立足将有凶
中正治国博爱众　　亲密比辅共荣光
领导核心有感召　　同心团结有力量
忤逆不归无善终　　天下归一民心向
殷商纣灭天数尽　　周公平逆心不妄
比乐和谐相亲辅　　择善而从莫偏柱